そもそも
仏教とは
何ものか？

隠された歴史

副島隆彦

PHP研究所

隠された歴史

目次

第一章

お釈迦様の教えはどこへ行ったのか

日本人がうっかり信じ込んでいること　10
マグダラのマリア？　12
観音菩薩、弥勒菩薩の「菩薩」とは、何か　14
大仏は大日如来である　19
チベット仏教の思想　22
ＧＯＤは神《かみ》ではなく、天《てん》と訳すべきだ　25
お釈迦様と観音菩薩　27
ブッダとキリストが望んだ人類の救済はなかった　29
日本ではブッダの像と阿弥陀如来の像は区別がつかない　33
人類の文明は２５００年前から下り坂　34
修行の主流は出家すること　39
カースト制度を激しく嫌ったお釈迦様　42

第二章　2世紀頃、仏教にキリスト教が流れこんだ

ギリシャ、ローマの影響を受けたガンダーラ美術と仏教伝来　46
敦煌の仏教壁画　49
私が2000年にすでに書いていたこと　56
キリスト教の影響を受けた観音様はマリア様　58

第三章　ブッダの言葉こそ本当の仏教

釈迦（ブッダ）の一生　66
ブッダが必死で修行した町　71
「無益な苦行を行うことは、どうも無駄なことだ」　79
ブッダの死後250年を経て現れたアショーカ王　81

根元のところで仏教を理解する　83
輪廻転生は仏教思想ではない　85
仏教を教団化した極悪人デーヴァダッタ　88

第四章　宗教の中心は「救済を求める思想」

「人間は死んだらすべて終わりであり、消滅し、無に帰る」　92
龍樹がつくった大乗仏教　94
救済を求める思想　99
救済を求めない自力の禅宗　104

第五章　救済思想の否定として生まれた禅宗

中国人仏僧が、さまざまな仏教の宗派を生みだした　110

「何ものも信じない」禅の思想　114
『臨済録』の真髄　117
禅は徹底的に自力　122
密貿易の文書作成係だった日本の臨済宗の僧侶　124
禅僧の思想が行き着いたもの　126

第六章　般若心経になぜブッダの名前は無いのか？

２６２文字の般若心経《はんにゃしんぎょう》　134
小室直樹先生による空の思想の解説　137
輪廻転生の否定　144
副島隆彦による般若心経《はんにゃしんぎょう》の翻訳　148
般若心経《はんにゃしんぎょう》の中心は空の思想　156
大乗の「四諦八正道《したいはっしょうどう》」などについて　159

第七章　「悪人正機説」を解体すると見えてくること

「世尊布施論《せそんふせろん》」こそは日本に伝わったキリスト教の「聖書」そのもの　166
悪人正機説の本当の意味　170
親鸞《しんらん》の教え　176
キリスト（教）あるいはブッダ（＝仏）教における「愛」　178
キリスト教と仏教は、同じである　180

第八章　法華経を通じて見えてくる大乗仏教の正体

法華経について　186
観音経は法華経の一部　189

第九章　現代の阿弥陀如来の姿

インドの神さまたち　200
大日如来《だいにちにょらい》はチベット仏教で密教の仏様　205
現代の阿弥陀如来は何になって生きているか――結論　216
ハイデガーの「最後の人論」とガルブレイスの「ゆたかな社会」　221
オタク（ナード）こそが人類の新しい進むべき道である　223
コミケに行って分かった現代の阿弥陀如来　225

第十章　道教とキリスト教

『三国志演義』の義兄弟の思想　230
中国の道教も起源は伝来したキリスト教であろう　233

中国を侵略した悪いイギリス　235
阿弥陀、観音さまを信じながら、「キリスト教を信仰している」と言った中国人女性たち　238
人類のあけぼののバグダッドのシュメール人　241

第十一章　現代と救済

空海と最澄　248
空海が言った弥勒下生《みろくげしょう》　253
キリストの復活と再臨　256

あとがき

第一章

お釈迦様の教えはどこへ行ったのか

日本人がうっかり信じ込んでいること

この２つの有名な絵を見てください。日本で一番美しい女性の仏像だ。これらは女だ。この２人の女神は、一体何者か？　どこから来たのですか？　その秘密を私はこの本一冊で追究する。

奈良の中宮寺の如意輪観音（にょいりんかんのん）像（国宝）

京都の広隆寺の弥勒菩薩の半跏思惟像（はんかしゅいぞう）（国宝）

このものすごく有名な中宮寺《ちゅうぐうじ》と広隆寺《こうりゅうじ》の2つの菩薩像を見て、これらはお釈迦《しゃか》様とは別人なのだと、ハッキリと言える日本人がどれだけいるか。すべてをひっくるめて、ひとまとめに仏像だと私たちは勝手に安易に、いい加減に信じ込んできた。だが、仏像とは本来、仏（ほとけ、ゴータマ・ブッダ）の像のことである。それ以外は仏さまではない。この事実に私は強くこだわる。お釈迦様、即ち、ゴータマ・ブッダの像だけが仏（の）像でなければならない。このように断言して、私は仏教研究家や仏僧にケンカを売る。しかしどうせこのケンカを誰も買ってくれない。「そんなことは、どうでもいいじゃないか。勝手にこだわっていろ」と言われるだろう。

だが私は、自分の主張を貫く。ここに仏様（ゴータマ・ブッダ）ではない3人の女神がいる。それは①阿弥陀如来、②観音菩薩、③弥勒《みろく》菩薩の3人である。私は、これらの事実を細かく調べた。そして、自分なりの本当の仏教《ブディズム》への理解とする。この3人の「仏様」は、どう見ても女だ。どう考えても女だ。

マグダラのマリア？

これらの仏像、すなわち阿弥陀、観音、弥勒の像とされるものを見て男だと思う人はいないはずだ。どう見ても女である。これらの「仏像」は女性の像であり、すべて女の神様である。誰がどう見てもそう見える。たったこの1点の真実を、誰もはっきり言おうとしない。これらは、「変性男子《へんじようなんし》」だとか、「男でも女でもない中性なのです」と京都の有名な観光寺《かんこうでら》の解説文には必ず書いてある。みんな嘘つきだ。日本人は、この嘘を１０００年間もつき続けてきた。

この３人の女神の像は、本当の本当は、すべてイエス・キリストの奥様であった（マグダラの）マリア像の変形である。これが私がこの書で貫く大きな一本の主張である。絶対に証明してみせる。どんな反論にも耐えてみせる。すなわち「阿弥陀如来、観音菩薩、弥勒菩薩は、マリア様である」説の出現である。この私の主張と似た論文が昔から仏教界にあるらしい。誰か後で教えてほしい。

この中宮寺の如意輪観音像は、２０１１年のＪＲ東海の「うましうるわし奈良」というキャンペーンで使われて、どこの駅でもよく見かけた。「美しいひとが奈良にいる。」と書いてあった。この〝美しいひと〟とは何者ですか？

私はこの美術作品が、日本における最高傑作だと思うし、皆も思っている。皆がこの仏像を本気で見つめて、「仏教美術の最高傑作だ」と口を揃える。

ところが、この如意輪観音《によいりんかんのん》（観世音《かんぜおん》）菩薩は、平安時代以降の名称である。当初は弥勒菩薩像として造立されたらしい。どうにでもなるのである。弥勒菩薩と観音菩薩の区別をつけようとすらしない。今の中宮寺の仏僧たちであってもそうなのだ。仏教美術家や仏教学者たちも、どっちでもいいと思うのだろう。

そして、もう一方の広隆寺の弥勒菩薩半跏思惟像《みろくぼさつはんかしゆいぞう》も国宝であり、この姿も明らかに女性だ。ただし、乳房があまり膨らんでいるように見えない。これも日本仏教美術の最高傑作である。これら以外では、いわゆる美少年の顔をした阿修羅《あしゆら》像（奈良・興福寺《こうふくじ》）が有名である。だが、私は、これらが奈良・平安時代に造られて、現在まで伝わっていると言われても簡単には信じない。私は、いろいろなことを疑う人間である。これらが１３００年もずっと保存され伝えられてきたとは思えない。そして、この他に阿弥陀如来という仏像がある。これも本当は女神様で、女性の像である。

だから私はこれらの女神像は、キリスト教が中国を経て日本にまで伝わったマグダラのマリア像であると主張する。

観音菩薩、弥勒菩薩の「菩薩」とは、何か

観音菩薩、弥勒菩薩の「菩薩《ぼさつ》」とは、何か。ここに菩薩というコトバが出てくる。阿弥

陀如来ならば「如来《にょらい》」である。この違いは何か。菩薩は、「ボーディサッター」菩提薩多《さった》の省略形でありインド語（サンスクリット語）で、「悟りを開こうとして熱心に修行している者」のことを言う。

例えば、文殊菩薩《もんじゅぼさつ》（マンジュシュリー）は、ヒンドゥーの神様では、ヴィシュヌ神と言われている。これが日本に伝わった。「知恵と学問の神様」となって「三人寄れば、文殊の知恵」の文殊だ。しかも、文殊（マンジュシュリー）は、バラモンの家に生まれ、ブッダの弟子の1人で、実在した人物とされる。この他に、弥勒菩薩（みろく、マイトレーヤ）がいる。これもブッダに帰依した女の弟子の1人だ。このマイトレーヤが、弥勒菩薩となって日本に伝わった。それでは観音菩薩像のモデルは誰か？

普通の人でも仏教を真剣に信仰し続ける人は、修行者としての「菩薩戒《ぼさつかい》」まではもらえるのである。だから菩薩は仏教の修行者の意味である。それに対して仏僧は「沙門《しゃもん》」と言われる。日本語でも出家した僧侶（ボンゾー）たちは、「具足戒《ぐそくかい》」を受けて坊主（沙門）になる。

私たちは「南無阿弥陀仏《なむあみだぶつ》」（浄土宗）と「南無妙法蓮華経《なむみょうほうれんげきょう》」（天台法華宗）という仏教の二つの呪文《じゅもん》を知っている。誰でも知っている。「ナムアミダブツ」「ナンマンダ」とも言う。ここに阿弥陀様が出てくる。私たちは何百年も「南無阿弥陀仏」をひたすら唱えたが、この時、お釈迦様はどこへ行ってしまったのか。消えてしまっている。

もうひとつの呪文の「ナム（南無）ミョウホウレンゲ（妙法蓮華）キョウ（経）」の「妙法蓮華」とは何のことか？　岩波文庫『法華経』（全3巻、1962年初版、坂本幸男、岩本裕訳注）ではこれを「正しい教えの白い蓮《はす》」と訳している。

白い蓮とは何か。ズバリと書く「パドメ」のことだ。「オン・マニ・パドメ・フーム」と唱《とな》える。インドやネパール、タイ、チベット、モンゴルで唱える。私はこのことをそれぞれの現地で自分の耳で確かめた。この「オン・マニ・パドメ・フーム」が日本では「ナムミョウホウレンゲキョウ」になったのだ。そして、このパドメ（白い蓮あるいは赤もある）が実は、観（世）音菩薩なのである。このことは後で詳述する。

これらの仏教用語の使い方の一つ一つは、どうせ、明確には定義できない。お釈迦様（ブッダ、紀元前563〜483年）が生きていた当時や、その後の100年間ぐらいのいわゆる「原始仏教」の時代の言葉の使い方とそれ以降でさえ異なる。

ここで1つの説を書く。「観音菩薩とは、若い頃の王子様の時のゴータマ・シッダルタ（ブッダ）の姿である」とするものだ。だから全身に飾り物をしている。そして大抵の場合、立像である。ブッダが生きていた当時の2500年前のインドでは、王族や、お金持ちの息子たちは修行の旅に出るのがブーム（熱病）だったようだ。生きるために働く必要もないので「私は心が虚しくなった」とか気取って旅に出る慣わしがあったようだ。ゴータマ家のシッダルタ君（これが本名。シャカ族とされる。シャーキー〈シャカ族〉というのは、王国というほどではない）もそれに従って、29歳で出家して南に下った。当時のシャカ族の領地は、コーサラ国という大国の一部であった。そして、シャカは、南の方に500kmぐらい行ったマガダ国に着いた。ここでヒンドゥー教の厳しい修行をして、悟り（シュヴァラー）を開こうとして失敗する。彼は6年間も修行してガリガリにやせ細って、「こんな苦行はするものではない」と気づいた。これが悟りである。この悟りなるものの中味は誰にも分からない。彼は今のインドのビハール州と呼ばれる一帯をうろうろした。私も行ってきた。彼は出家、すなわち妻子を捨てて家を出て、お城（カピラ城）を飛び出した。4人のお供なのか友人なのかと連れ立っての旅だったとされる。出家する前は、シャカ族の王子様だから体中に飾り物をつけていた。これが若いゴータマ・シッダルタの姿である。ジャラジャラと飾り立てた立派な身なりをしている姿が観音菩薩である、とする説がある。

ところが、観音菩薩の像は、ほとんどが立像であり、よくよく見ると、おっぱいがある。見るからに女である。耳飾り、髪飾りをしていて、今の女性たちの装飾品と全く同じつけ方をしている。だから観音菩薩は、やはり女の像である。

ゴータマ・シッダルタが悟りを開いた後（36歳）、徐々に評判が立って彼の元に集まって帰依《きえ》して多くの者が信者となった。女たちもいた。この話は、妙法蓮華経（＝法華経《ほけきょう》）の歓持品《かんじぼん》第十三（第13章の意味）の中に出てくる。女の弟子たちの名前は、マイトレーヤ、ヤショダラ、マカ・ハジャハダイらである。50人ぐらいの比丘尼《びくに》（尼さん）が、ブッダ教団に参加して暮らしていたようだ。この女たちのうちのマイトレーヤが弥勒菩薩である。

だが、この弥勒《みろく》菩薩は、どんどん神格化が進んで「天から降りてきて一切衆生《いっさいしゅじょう》（この世のすべての人間）を救済する女神」のこととなる。だから、弥勒菩薩は、キリスト教におけるメシア（救世主）の役割と同じ女神である。

それに対して観音、すなわち観世音《かんぜおん》菩薩とは、サンスクリット語でアヴァロキティシュヴァラー（Avalokitesvara）という。これは「すべてを見通すことができること」あるいは「あまねく光照らすもの（無量寿《むりょうじゅ》）」という意味だ。そのようにサンスクリット語（梵語）ではなっている。それではこの観音菩薩はどこからやって来た女神様か？　どうやら、ペルシャ（イラン）高原で生まれたゾロアスター教の主神であるアフラ・マズダの長女のアナーヒターから来たらしい。遡っていけばどこまでも、語源学（エティモロジー）的に遡っていける。ここではもう、これ以上は止めよう。相当に古いとされるサンスクリット語（ヒンドゥー教の古い形であるバラモン教の言葉）も、さらにペルシャ高原の方の、自分たちよりもより高い文明だったメソポタミア文明から強く影響を受けたようだ。

広隆寺の弥勒菩薩は、弥勒菩薩の半跏思惟像《はんかしゆいぞう》（国宝）とされている。しかし先ほどの奈良の中宮寺の観音菩薩との区別は、つかない。まるで美人の姉妹のような美しさである。この2つの女性像が日本の仏教美術の中では、最高級の美しさを今も誇っている。このことに異論はないだろう。この2人の女性（像）ともおっぱい（乳房）がぺったんこ（平板）だからといって、女ではない中性だと言い張る人はもういないだろう。

これらの観音像も弥勒像も、イエス・キリストの正妻であった、マグダラのマリア（マグダレーナ・マリア）の像がガンダーラ地方（今のアフガニスタンの首都カブールのあたり）で名を変えて3世紀には中国に入って来たものである。

大仏は大日如来である

再度書く。この広隆寺《こうりゅうじ》の大変有名な「仏像」は、繰り返すが、お釈迦様、すなわちゴータマ・ブッダの姿ではない。自分は文学部歴史学科の出身で、仏教美術に少しは詳しい（造詣がある）と自惚れているような人間ほど、自分の目の前にあるその仏像が一体、何者なのかと考えたことがない。「見るからに素晴らしい。古い歴史を感じる」などと誰でも言いそうなことを言うだけだ。自分は仏教美術が専門だと自称している者たちでさえ、こういう恐るべき真実を正面から見据えようとしない。日本はこの程度の国である。目の前の大きな真実を正面から見据えようとしない。太陽（＝大きな真実）を見つめると目が潰れるから目を逸らすことに似ている。ブッダと、①阿弥陀如来、②観音菩薩、③弥勒菩薩が別人である、ということを本気で考える日本人に私はこれまで会ったことがない。そんなことはどうでもいいことだ、と大半は見過ごす。この問題に私はこだわる。こだわるな、と言われてもこだわる。前にあげた中宮寺《ちゅうぐうじ》の菩薩の像と、広隆寺《こうりゅうじ》の像は、全く同じ姿形をしているではないか。何度でも言う。両方とも日本最高級の仏像である。この像の美しさに誰もが見とれてしまう。

それでは、一方、奈良の大仏（大日如来《だいにちにょらい》）や鎌倉の大仏（何とこれを阿弥陀如来《あみだにょらい》だとお寺はしている）は見るからに男の像である。このパンチパーマの小太りの男が堂々と座っている感じが、まさしくお釈迦様の姿、すなわち、仏像である。私たち日本人は、ずっとそのように信じている。

ところで、このパンチパーマの奈良の大仏様（大きな仏様）というのは、お釈迦様（ブッダ）か。というとこれも違うのだ。これは、盧舎那仏《るしゃなぶつ》と言って、「大日如来《だいにちにょらい》」なのであ

鎌倉の大仏

鎌倉、長谷の高徳院にある。1252年から造立が開始されたとするのが有力な説となっている。銅像阿弥陀如来座像、国宝。

る。大日如来とお釈迦様がどう違うかもまた、真剣に考えたことのある日本人もいない。どっちでもいいじゃないか。大きい方と小さい方、ぐらいにしか、どうせ思っていない。大日如来をサンスクリット語ではマハー・ヴァイローチャナ mahaavairocana と言う。大日如来は、チベット仏教から来たものだ。チベット仏教は、例のあの「曼荼羅図《まんだらず》」という仏教界の世界図式を描いたものを持っている。曼荼羅図の中心に大きく座っているのが、大日如来である。それではお釈迦様（ブッダ）はどこに行ったのか。大日如来の横に小さく描かれているのがお釈迦様だ。曼荼羅図には2種類あって「金剛界《こんごうかい》」（硬いダイヤモンドのこと）と「胎蔵界《たいぞうかい》」（お母さんの子宮《しきゅう》のこと）の2つだ。

チベット仏教の思想

チベット仏教は、7世紀に成立（誕生）した新しい仏教であって、それ以前にはない。生まれたそのときから、どうもキリスト教の影響が強い。チベット仏教こそは、日本で「密教《みっきょう》」と呼ばれるものを生み出した。密教と対比して顕教《けんきょう》があって、2つ合わせて顕密《けんみつ》と言う。真言宗《しんごんしゅう》（和歌山の高野山。空海《くうかい》が開いた）の教えはキリスト教とよく似ている。とりわけ、ローマ・カトリック教では俗世（セキュラー）にあたる世界を「顕教」で表す。

それに対し、自分たち僧侶だけが選ばれた人間として、崇高な秘技秘伝を伝授してゆくべき特権的な宗教世界を作った。キリスト教のカトリック教（ローマ教会）ではこれを俗界に対して「聖界（ディヴィニティ Divinity）」という。これが密教に相当する。

キリスト教の聖書（バイブル）とは何か。その中の新約聖書（ニュー・テスタメント）とは何か。一言で言うと、「イエス・キリストという男の物語」である。このイエスという男が、苦しんでいるすべての人々を救ける（救済する）という思想をつくり、実践した。そのイエスの言行録である。ところが、その弟子たちであるはずのペテロとパウロは、ローマ教会を作っていくときに、イエス・キリストの救済の思想を捨ててどうやら「キリストよりも自分たち僧侶を拝め」という悪質な支配の思想を作ったようである。私はこのように簡潔に断言してゆく。決めつけが過ぎる、と思われてもかまわない。先を急ぐからだ。このカトリック批判の立場は、フリードリヒ・ニーチェの思想である。ニーチェの「反（アンチ）クリスト」のテーマだ。

だから、チベット仏教は「顕密」の2つの世界に分けて、俗世に生きる平信徒の信者たちと「聖界」に生きる自分たちエライ僧侶たちの住む世界を分けた。この考えは、ローマ・カトリック教会の思想がチベット仏教に、そして日本の真言宗、天台宗にも入ったのだ。だから、ローマ教会（カトリック教）は、イエス・キリストへの大きな裏切りであり、キリスト教の中に生まれた恐るべき宗教的な官僚支配の始まりであった。私はここまではっきりと書く。

そしてこのチベット密教の思想が、西暦８０４年当時の、中国の仏教界を大きく席巻していたのだろう。この年に空海と最澄《さいちょう》は同じ遣唐使の船で渡唐《ととう》している。空海が留学（入唐《じっとう》）したときに、この密教仏典を日本に多く持ち帰ったのである。曼荼羅図の真ん中の大日如来とは、だから実は、ギリシャ神話の主神であるゼウス（デウス Zeus）のことである。この「ゼウス」という言葉が、キリスト教どころか、他のいろいろの宗教で最高の神のことを指す。曼荼羅図ではこのゼウス（大日如来）の脇の小さな丸の中に釈迦如来（お釈迦様）が描かれているのである。チベット仏教伝来の曼荼羅図を博物館で見たことのある人は、このことに奇妙さを感じなかったのか。これはまさしく「神と子と精霊」の三位一体《さんみいったい》（トリニティ）の思想である。神とはゼウス（天）であり、その子がイエス・キリスト＝ブッダであり、それ以外が精霊（Holy Spirit ホウリー・スピリット）である。曼荼羅図では、この他に普賢《ふげん》菩薩とか、文殊《もんじゅ》菩薩（知恵の神様）とか薬師如来（病気治療の神様）とかが配置されている。こういう菩薩たちがぞろぞろと並んでいる。薬師如来は、いかにも薬瓶を手に持っている。古代の人間たちは、いつも病気で苦しんでいて、大した治療法も医学もなかったから、こういう医療と薬の神様を作って必死に拝んだに決まっている。

「助けてくれ、助けてくれ」とすがりついたのである。すなわち救済（サルベーション）のために宗教はある。

GODは神《かみ》ではなく、天《てん》と訳すべきだ

ここで脇道に逸れる。日本人は、すぐに「神様」というコトバを使う。しかし、キリスト教のGod（ゴッド）は、本当は「天《てん》」と訳すべきだったのだ。それを16世紀（1549年にフランシスコ・ザビエルが来日）から、日本に侵入してきた伴天連《ばてれん》（カトリックの宣教師＝神父）たちが、「日本の原住民は自分たちの土着のgod（ゴッド）のことを〝神（カミ、カム）〟と呼んでいる」と気づいた。彼ら宣教師たちは日本で聖書の翻訳書や簡単な辞典のようなものを作った。だから日本人は、それ以来、あらゆる宗教集団の中心にあるものを、カミ（神）と呼ぶようになった。本当は、「天」と呼ぶべきであった。中国人たちは中国語で今でも、ゴッドやゼウスやヤハウェ（エホバ）やアラーのことを、「天」と訳している。これが世界基準（ワールド・ヴァリューズ）での理解である。日本人は、何でもかんでも神と書きさえすれば、それで宗教論が成り立つと思い込んでいる。日本は翻訳文化（外国からの輸入品の思想）で一から十までができあがっている国である。自分の

国をそんなに腐《くさ》すな、卑下するな、と言われるだろう。が、私は黙らない。

神というのは、「神様」とか「神さん」とか、「かん（神）さー」とか「カムさん」と呼ばれて、これは今も日本全国で、町外れに住んでいる占い師や、呪《まじな》い師《し》のことである。中国人に聞くと、「神《じん》」というのは、呪術師や占い師のことだと教えてくれた。

例えば、あの「六星占術」の占い師の細木数子《ほそきかずこ》さんが、自分の占い学を打ち建てるために、学んだ（というか、大いに参考にした）有名な占い師の女性がいて、今もご存命であるが、神熙玲《じんきれい》という人である。今も携帯サイトの占いコーナーで大変人気のある占い師である。この「神《じん》さん」は占い師の姓である。

だから、ゴッドは「天」なのである。中国人は、天に祈るのであって、これを天帝《てんてい》と言う。だからこれが、ゼウスであり、ヤハウェ（ユダヤ教）であり、アラー（イスラム教）である。そしてこれらは実はすべて全く同じ崇拝体なのである。キリスト教とユダヤ教、イスラム教の天〈神〉は実は同じ神である。同じ神聖体を分け合っているのだ。本当だ。これを神と書いてしまうと、もう元も子もなくなって私自身が何を説明しているのか分からなくなる。

日本ではヘブン（Heaven）の意味である天を、神様だと誤訳してしまったので、今さらどうにもできない。修正不可能である。イスラム教徒は、ヘブンよりもパラダイス（パラディス）の方をよく使う。

お釈迦様と観音菩薩

日本の仏教の各宗派では、観音菩薩も弥勒菩薩を、男でも女でもなく中性（アンドロギヌス androgynos 両性具有）であるとする。日本の仏教学、仏教美術、仏教各宗派（日本の仏教はすべてで16宗派あることになっている）はそのように強弁してきた。私はもうそういう愚かな考えには従わない。どう考えても観音・阿弥陀・弥勒の像は女である。そしてこれらは今のパレスチナ、中東から伝わったキリスト教のマリア様の像とそっくりであり、実は同一物である。私はこのように断言する。

ここまで来ると、鎌倉の東慶寺（金持ちの女性たちの縁切りのための駆け込み寺として有名な尼寺であった）の水月《すいげつ》観音像を見てほしい。どう考えてももう西洋のマリア像とほとんど同じだと考えざるをえない。これが本当に13世紀に作られたものであるか、私は疑う。とにかくこのような仏像が全国の有名なお寺にたくさんあるのである。やはり観音菩薩は女性像である。

奈良の法隆寺《ほうりゅうじ》にある百済《くだら》から伝来したとされる観音菩薩像は高さ２ｍもあるノッポの

背の高い女神様の像である。これは実物で本物であろう。私がここまで言うと、この仏像が紀元前500年代のお釈迦様の姿だと思う人は、もういなくなる。そしてお釈迦様（ブッダ）はどこへ行ったのか。お釈迦様の像、すなわち、仏像は、どこへ行った？　私たちは、一応、仏教徒であることになっている。仏教徒である日本人は、一体、何を誰を本気で拝んで来たのか。このことを本気で考える必要がある。大日如来（ゼウス）とブッダ（お釈迦様）も別人である。こんなことを本気で考えたことがありますか？

前述したが「菩薩（ボダイサッタ bodhisattva）とは、悟りを開こうとして修行している者」で、悟り（ボーディ bodhi）を開いたら如来《にょらい》になる。しかし如来になんかなれるわけがない。だから、在家《ざいけ》のままで、まじめに信仰する者として、菩薩にまでなら私たち普通の人間でもなれるとした。

観音菩薩は必ず立像である。全身に飾り物（装飾品）を帯びている。そして明らかに乳房があり、腰がくびれていて、おへそが見える女性の姿である。これを指して男性の像であると強弁する者と私は決別する。なぜ日本人は、1000年間以上もこれらの仏像を指して「お釈迦様のいろいろな姿の1つだ」ぐらいに思い込み、信じ込み、かつ信じ込まされてきたのか。少しはまじめに考えるべきだ。日本の各仏教宗派のお坊様たちの、嘘八百で無理やりこじつけの「ありがたい仏教のお話」にいろいろとすりかえられてきた。私はこれらの一切の虚偽の、すべてを暴き立てる。そうしなければ日本人に、本当の仏教（ゴータマ・ブッダの思想）が明確に簡潔に理解できない。

ブッダとキリストが望んだ人類の救済はなかった

なぜブッダがイエス・キリストと同じように、世界規模で今でも偉大であるのか。私は仏陀《ブッダ》とイエスの2人が好きだ。この2人は人類（人間）を救済《きゅうさい》（サルベーション salvation）しようとして、本気になって真剣に活動し、教えを説いて回った。このことは信じられる。しかしこの大きな物語の全体の姿がなかなか私たちに解明されない。私は、この本での自分の主張に対して、どのような非難や悪罵《あくば》が投げられようと構わない。異議、反論のある人は誰とでも対等に議論する。

そして、この本の結論は、すべての読者の期待を裏切る。お釈迦様（悟った後がゴータマ・ブッダ）とイエス・キリストは全く同じ思想を持っていた。お釈迦様とイエス・キリストは、この世のすべての人間、すなわち一切衆生《いっさいしゅじょう》を、現世の苦しみから救おうとした。本気で救おうとした人である。そしてこのお釈迦様とイエス・キリストの姿は、紀元2世紀にガンダーラ（今のカンダハル河の北の流域）で混ざって中国を経て日本にまで伝わった。特に浄土宗（本願寺）がそうだ。浄土宗は、ブッダを放ったらかしにしてひたすら、阿弥陀様にすがりついた。親鸞上人《しんらんしょうにん》はこれを「弥陀《みだ》の本願《ほんがん》」と言った。この時お釈迦様はどこへ行ったのか？　このことをこの本ではしつこく論証する。そんなことをして何の意味があるのかと問われるだろうが、先に進む。

　そして、ブッダとキリストが望んだ人類の救済はなかったのである。人々は救われなかった。救済はなかった。おそらくこれから先もない。同じく「千年王国論（ミレニアム）」というメシア（救世主）としてのキリストの再臨《さいりん》による人類の救済をいくら求めても、それもなかった。これからもない。これとほとんど同じくお釈迦様による、人々の現世の苦しみからの解放というのもまた、無かった。極楽浄土を追い求め仏教の経典はたくさんある。しかし救済は遂に無かった。

　仏教の中で特に仏様の降臨《こうりん》、下生《げしょう》による人類の救済は、①阿弥陀如来《あみだにょらい》信仰（浄土宗）と弥勒菩薩の下生《げしょう》による現世への来迎《らいごう》の姿となって強く説かれるようになった（天台宗でも真言宗でも）。キリスト教では慈愛（グレイス grace）で恩寵《おんちょう》と訳す。これは「神からの愛」のことだ。同じものが天台宗（法華経）の宗派では、「②は観世音菩薩の慈悲《じひ》の姿」とされる。あるいは浄土宗＝阿弥陀経では「弥陀《みだ》の本願《ほんがん》」とされ、経典として「阿弥陀経」に書かれている。③の弥勒菩薩が天から降りてきて「弥勒の世が来る」というのを弥《み》勒下生《ろくげしょう》と言うが、これは「キリストの再臨（降臨）」と同じことだ。どうしてこのことを日本では誰も言わないで明治からでさえ１５０年が経ったのか。これらの真実は、紀元後２世紀から仏教の中にキリスト教が紛れ込んで脈々と繋がってきたことを意味する。

ここで謎解きをする。仏教の教理の中で一番高度で深遠でレベルが高いとされるのが中《ちゅう》観《がん》と「空《くう》の思想」とされる。この「中観」と「空」を創始したのは龍樹《りゅうじゅ》（ナーガール・ジュナ、紀元１５０〜２５０とされる）という人である。この龍樹が問題なのだ。大乗仏教を作ったのは龍樹であり、故に「（大乗《だいじょう》）八宗《はっしゅう》の祖《そ》」とまで持ち上げられる。ここでキリスト教がブッダ（お釈迦様）の思想と混ざってしまったのである。このことについても、この本の後の方で説明する。そして「法華経」（妙法蓮華経）というお経（仏典）を最高の仏教の経典であるという考えに凝り固まって、日本仏教の中で自分たちが一番頭がいいと信じ込んで来た系譜がある。これが日本では天台法華宗《てんだいほっけしゅう》（比叡山は、中国の天台宗の日本でのフランチャイズなのに法華経を一番ありがたがる。ここでおかしなことになったのだ）を京都の町衆も信仰した。13世紀に日蓮《にちれん》という男に表れる強固な特殊日本化した法華経にもなった。

本態はキリスト教そのものである浄土宗も中国から日本にやってきた。日本でも末法思《まっぽうし》想《そう》と共に深く信じられ、隆盛し流行した。浄土宗＝阿弥陀如来信仰は、まさしくこれはキリスト教の教えそのものである。このことを解説する。「ただ神の名（アーメン）を唱えるだけでいい」とするキリスト教の考えと、親鸞聖人《しんらんしょうにん》の浄土真宗の教えは全く同じである、「弥陀《みだ》の本願《ほんがん》」に至るには、「ただひたすら阿弥陀様（アミターバ、あるいはアミタユース）の名を唱えればどんな人でも成仏《じょうぶつ》できる」とする。すなわち「南無阿弥陀仏《なむあみだぶつ》」だ。この「アミダ」は「アーメン（アクナートン神への信仰のこと。古代エジプトのアマルナ信仰、アマルナ革命の「アメン神」のことだが、ここでは触れない）を唱えよ」と全く同じである。

このようにキリスト教と浄土宗（浄土教）は、そっくりである。例の悪人正機説《あくにんしょうきせつ》もほとんど同じである。「善人なほもて往生を遂ぐ。いわんや、悪人をや」の思想だ。普通、日本では頭の悪い仏僧までを含めて、この悪人正機説を次のように解訳する。「善人は善行を積んで極楽浄土に行ける。それと同じように前非を十分悔いたら悪人でも成仏（極楽に行ける）できる」と説く。そうではないのだ。正しくは「善人は努力（修行）して往生（極楽にゆくこと）ができる。悪人であれば、なおさらもっと極楽に行ける」のである。これはキリスト教の内面重視の思想と同じだ。すなわち現実世界での人間の個々の行動を基準としない。どんなに善行を積んでも、信仰心が篤くても極楽に行けない者は行けない。反対にたとえ悪人でも極楽に行けるのである。キリスト教のプロテスタント系ではあくまで「神と自分との間の問題である」とする。「現実世界での正義や善悪と、救済（される、されない）は無関係である。全ては神が決める」とするのがキリスト教である。この考えと、仏教・浄土宗の悪人正機説は、ほとんど同じである。私はあとの方でこのことをもっと説明する。

日本ではブッダの像と阿弥陀如来の像は区別がつかない

たとえば三井寺《みいでら》の阿弥陀如来が、日本人にとっての典型的な仏像のイメージである。三井寺の別名は園城寺《おんじようじ》で、滋賀県の琵琶湖沿いにある。三井寺は比叡山延暦寺＝山門《さんもん》派と対決して、寺門《じもん》派とも呼ばれる。三井寺は法相宗《ほつそうしゆう》を信じるが、この法相宗こそきわめて重要である。ここに日本仏教の最大の秘密があると言っても過言でない。

江戸時代まで下《くだ》ると、仏教はもう完全に型にはまって典型的な釈迦（ブッダ）の像となる。しかし、これだって原型は奈良の大仏（盧舎那仏《るしやなぶつ》）である。

鎌倉の高徳院の大仏像も前に見たとおり、ほとんど同じ姿形である。ところが鎌倉の大仏は大日如来の姿であるのに、これを高徳院自身は阿弥陀如来であるとしている。そのように正面玄関に書いている。先の三井寺もそうだ。ということは江戸時代にまで下ると、もうブッダの像と阿弥陀如来像との区別を日本人は、仏僧たちを含めて全くできなくなったということだ。とんでもないことだ。浄土真宗（本願寺派）の信徒や仏僧たちにとってさえ、自分たちが信仰している最高神は、お釈迦様なのか、それとも阿弥陀様なのか区別がつかない。天台宗も真言宗も日蓮宗も同じだ。②観音様、①阿弥陀様と④ブッダの違いを考えようともしない。誰も自覚がない。誰も今さら正面から考えようとしないだろう。どうして、④お釈迦様よりも、①阿弥陀如来と②観音菩薩をこれほどに拝むようになったのか？　この謎を私は何度でもしつこく書いてはっきりさせたい。

人類の文明は２５００年前から下り坂

僧侶《そうりょ》の河口慧海《かわぐちえかい》が、１８９７（明治30）年に日本人として初めてネパールに入った。その足跡を私は5年前に訪れた。ネパールのカトマンドゥーからポカラまで行ってみた。「彼はこんな道を歩いて、ヒマラヤを越えてチベットまで入って行ったのか」と実感で分かった。私は河口慧海を特別に尊敬しない。彼が１９０４（明治37）年に書いた『西蔵《せいぞう》旅行記』が当時の日本の仏教界でものすごく評判を呼んだ。だが大事なことは、明治時代の禅宗の仏僧たちが真実を索《さぐ》るために次々と現地に行ったことだ。彼らは明治になってインドに船で行けるようになったので、日本の古くからの仏教のウソへの激しい疑念が起きた。大乗仏教《だいじようぶつきよう》（Mahayana マハーヤーナ）という大きな虚偽《きよぎ》を暴《あば》くために、仏教発祥の地・インドにまで入ってそして真実を確認したのだとよくわかった。これを「大乗非仏《ひぶつ》論」と言う。明治になってからの主に禅僧たちによる「大きな真実への渇望」が切実に大切だったのだと後世の私は思う。大乗よりもやっぱり小乗（Hinayana ヒナヤーナ）の方が、ブッダ本人の思想に近いと気づいたのだ。

仏教（ブッダ本人の言葉）は、徹底的に、無神論である。ブッダは、「一切の神」を信じない。仏教の神は、仏様（ブッダ）その人だが（笑）、ブッダ自身は、自分を神だとは言っていない。それらのすべてを否定している。日本にまで伝わった今の大乗仏典はブッダが死んで6世紀（６００年）後の紀元１５０年ごろに作られた思想である。「空《くう》」とは絶対的な「無」のことである。アレコレ難しいことを言う仏教理論家たちがいるが、空とは無のことである。これ以外の解釈はすべて煩雑な虚偽だ。人間は死ねば一切が消える。すべては、無に帰るという思想だ。私はこのように断言する。出家した者は、生きている限り真面目《まじめ》に修行せよ。ただし、いたずらに厳しい修行（苦行）の類はするな、そしてひとりで死に向かえ、という一点で、ブッダは悟った。

悟り（正覚《しようがく》、菩提《ぼだい》：bodhi）というのは、解脱《げだつ》のことである。ブッダは29歳で出家して6年間ヒンドゥー教の厳しい修行をした。35歳である境地に到達した。それが悟りだ。そして悟りとは実は死ぬことそのものだ（涅槃《ねはん》、ニルヴァーナという）。ただそれだけだ。出家者（仏僧）が生きている間にする修行とは、人間が生きているということそのものだ。しかし「解脱」にしてみても元々はヒンドゥーの思想であって、仏教には、捜してみたがそれに相当する言葉がない。

ブッダは80歳で死んだが、これを涅槃《ねはん》（ニルヴァーナ）と言う。入定《にゅうじょう》、仏滅《ぶつめつ》のことだ。こっちが本当の悟り（デリヴァランス deliverance。魂が解放されること）だ。本当の仏教（釈迦本人の教え、ブッダの言葉）は、徹底的に、死ねばすべてがおしまい、消えてなくなる、という思想である。

私が、インドに行ってみたいと思ったのは、お釈迦様（ゴータマ・シッダルタ GotamaSiddhattha、ブッダ）本人は、実際は本当はどういう人だったのか。それを身近に感じてみたかったからだ。古代のインド人であるお釈迦様は、日本人にとっては、長い年月をかけて信仰されてきた偉大な人物である。いまの私たちにとっても極めて重要な人物である。だから、私は、どうしてもお釈迦様本人は、本当はどういう生き方をした人だったのかを、実感で分かりたかった。

インドで発祥した仏教（ブッダの教え）という思想は、いまから2500年前の思想だ。ブッダ（紀元前563～紀元前483）は、歴史上の実在の人であり、紀元前6世紀から紀元前5世紀にかけて生きた人物なので、今（２０１２年）から数えれば２４７０年前である。彼が亡くなった年（入滅。仏滅。入寂《にゅうじゃく》ともいう）から数えれば今年で２３９０年が経つ。ブッダは80歳まで生きた人だから、当時でも強靭《きょうじん》な体力と精神をしていたのだろう。

いまの私たちが、ブッダの人生のどの時期を中心に考えるべきかと言えば、やはり、それは彼が「悟り（デリヴァランス、deliverance）」を開いたとされる35歳の時だろう。それは、紀元前４２８年であるから今年から数えると２４３５年前のことである。これらの数字は、覚えるのは煩雑なので、やはり大きくは２５００年前に生きたと考えればよい。この数え方を仏滅後の「末法《まっぽう》の世の計算法」と言う。

ブッダとほぼ同時代に、古代ギリシャが生んだ大哲学者のソクラテス（紀元前４６９〜紀元前３９９）とプラトン（紀元前４２７〜紀元前３４７）がいる。この２人も今から２５００年ぐらい前の人だ。それから、中国の道教の祖の老子《ろうし》と儒教の祖の孔子《こうし》（紀元前５５１〜紀元前４７９）も、同じく２５００年前の人だ。老子と孔子は、46歳の齢《とし》の違いがあって70歳の老子に24歳の孔子が会ったという説がある。孔子が、「私にも道《タオ》を教えてください」と問うたら、「お前には教えない。自分で考えなさい」と老子が答えたという。

だから世界の三つの大文明の地で、人類の大きな思想はほとんど同時期に生まれたのである。そしてそのあとの2500年間、人類（人間）は、どうやらたいして発達や進歩など遂げていないのではないか。そういう説が本当にある。私にはこの考えの方がしっくりゆく。進歩したのは、自動車とか電気製品とか高層ビルのような、「科学（サイエンス＝近代学問）」の賜物《たまもの》と呼ばれるものである。これらで、果たして人間が真理《トゥルース》に近づき仕合《しあわ》せになったのか、と大きく問いかけてみると、どうもそうではないようだ、と私は強く思う。そのことをインドに確かめに行ったのだ。

人類の歴史は、もしかしたらこの2500年間、ずっと下り坂を歩んできた。ブッダと、老子（私は、孔子の方はあまり尊敬しない）と、キリスト（2000年前の人）の三聖人が言ったこと以上のコトバを、今の私たちは持っていないし、それ以上の素晴らしいことを、人間（人類）が考えついたとはとても思えない。後世の個々の偉大な思想家や文学者のことはここでは考えない。

ブッダ本人は、ずっとヒンドゥー教（バラモン教）の修行をやっている。ヒンドゥー教というのは、ブッダの時代よりも1000年ぐらい早く成立した宗教思想である。それをウパニシャッド哲学とか、「リグ・ヴェーダ」聖典という。ただしこれらがサンスクリット語（梵語《ぼんご》）の文献として成立したのは、どうもお釈迦様の時代とほぼ同時代らしい。1000年とちがわない。故にインダス文明を代表するヒンドゥー教といえども発生（誕生）

は紀元前１５００年ぐらいだ。だから今からたかが３５００年ぐらい前だ。「中国４０００年の歴史」とほとんど同じだ。ちなみに日本は１４００年ぐらい（日本建国は、紀元６６８年である）の歴史しかない。

ここでもっと大きな話をする。人類史上一番古い文明で、かつ人類のすべての文明の原型と呼べるのは、やはり、チグリスとユーフラテスの両河沿いに生まれたメソポタミア文明である。首都は今のバグダッドあたりでその郊外に古代バビロンの都がある。ここは紀元前３０００年まで確実に遡《さかのぼ》るので、５０００年の歴史をもつ。ユダヤ人の聖典の旧約聖書（モーセ五書《トーラ》。紀元前１２５０年の産物）は、このメソポタミア文明の宗教文献の亜流であり、剽窃《ひょうせつ》と焼き直しである。このことが近年はっきりしつつある。旧約聖書《バイブル》もモーセという男の言行録である『出エジプト記』以外はすべてメソポタミア（シュメール）文明の真似である。ユダヤ民族の祖アブラハムとは、ハンムラビ王のことである。

修行の主流は出家すること

ブッダという男の言行録《げんこうろく》が仏典である。それなのに「ブッダが私に、このように語った」とか、「ブッダから私は、そのように聞いた」（これを如是我聞《にょぜがもん》と言う）としてどんどん多くの仏典が成立していった。ブッダ本人の言葉は初めの2冊だけだ。後述する。

釈迦の十大弟子のひとりにアーナンダ（阿難《あなん》、Ananda）というのがいた。アーナンダは25歳で出家をした。釈迦が55歳のときであった。ブッダが涅槃《ねはん》に入る（死ぬ）までの25年間、常につき従い身の回りの世話もした。そのため、釈迦の言葉をもっともよく聞き、記憶していた。釈迦がなくなったとき、アーナンダは泣き叫んで悲しんだ。第1回仏典結集《ぶってんけつじゅう》（First Buddhist Council）は、アーナンダの記憶に基づいて釈迦《ブッダ》の教え、すなわち経典が編纂《へんさん》された。

釈迦の入滅の前後の頃を記したお経が「大般涅槃経《だいはつねはんぎょう》」である。この仏典が中国経由で日本に伝わっている。この経典にも明らかにキリスト教が混ざっている。ここでマグダラのマリアのマリア像が変形して中に入ったからだ。

多くの仏典は、パーリ語という当時のインドの民衆の言葉で伝承している。それを全巻アルファベットの表音文字に直したり（19世紀のイギリス人の仏教学者たちの業績である）、のちの「仏典結集《ぶってんけつじゅう》」でサンスクリット語とチベット語と漢語（中国語）になって広まっていった。「如是我聞《にょぜがもん》」すなわち、「私は、ゴータマ・ブッダ様がそのように言うのを聞いた」と日本にまで中国から伝わった多くの仏典には書いてある。が、ほとんどは嘘である。のちの時代の高僧たちが勝手に書いた文章である。私は、そういうことをはっきりさせるためにインドに行ったのである。

ブッダは、当時のヒンドゥー教の修行者として生きている。それは、イエス・キリストがユダヤ人で、彼自身がユダヤ教の教えの中に生きていたこととよく似ている。ただし、イエス・キリストは、ユダヤ教の中の「エッセネ派」と呼ばれる清廉《せいれん》で厳格な宗派（セクト）に属していたとされる。エッセネ派は、ユダヤ教のなかでも腐敗の少ない、純粋で清貧を実践する宗派であったらしい。この古代ユダヤ教の一派であるエッセネ派は、出家《しゆつけ》を奨励しており、「志《こころざし》のある立派な男は35歳になったら家族と家を捨てて、愛欲（現世の諸欲望）を断って出家せよ。岩石砂漠のようなところに洞穴《どうけつ》を掘ってそこでもっぱら瞑想《めいそう》にふける厳しい修行生活をせよ」という宗派であったらしい。彼らの姿をアラビア砂漠のベドウィン（隊商の遊牧民）たちが通りすがりに見てやがて尊敬した。ここからイスラム教が生まれた（622年創立）。

当時は子供も15歳で十分に大人だから、35歳ぐらいになれば、子供も自分の力で生きてゆけるから、家族と離れて出家《しゆつけ》しても家族は困らない。だからエッセネ派はそのように考えたのだろう。極めて合理的な判断だ。

仏教とキリスト教の教祖（創始者）は二人とも、普通の世俗（secularism セキュラリズム）の暮らしをして妻子があった。だから初めから現世の物欲（利益、経済活動）と愛欲

（性欲）の両方をもっていたわけで、決して頭から否定しているわけではない。「自ら決意して出家した者たちは、物欲と愛欲を捨てよ」と説いたのである。

当時の35歳は、現在の人間で言えば60歳ぐらいだろう。だから私は、もう59歳になるからそろそろ出家しようと本気で考え出している。

カースト制度を激しく嫌ったお釈迦様

私は、2007年2月に、インドの東部のベンガル地方内陸部一帯（ビハール州）とネパールを調査旅行した。インドは本当にこの5000年間、変わることなく1億人の貧しいままの人々が生きていた大国である。今は12億人を超えている。

ブッダが実際に生きて暮らしていた仏跡（仏教の聖地）は確かに素晴らしかった。インドにとってのイスラム教支配（13世紀からの奴隷王朝《デリースルタン》とムガール帝国の1000年間の支配）は、やはり荒っぽかったろう。それでもヒンドゥー教（インド教）は負けないで、脈々と今もインド社会の土台を作っている。ヒンドゥー教（バラモン教でもある）がやはり大きくはインド人の宗教である。まさしくインド教＝ヒンドゥー教なのである。今は仏教徒はインドの貧しい人間たちだ。5000万人ぐらいいるとされる。18世紀からのイギリス帝国のインド支配は、（インドの）海岸線と内部の主要都市を支配しただけだった。

ヒンドゥー教のカースト制度というのは、よく言われるとおりインド社会に古くからいた各種の先住民族を虐《しいた》げるために作られたものだろう。バラモン教（ヒンドゥー教）は、紀元前15世紀ごろに、北方からやって来たアーリア系（西洋白人と同じ先祖）の部族が、ドラヴィダ系の先住民族を支配する際に作った制度だとされる。その内部は、きっともの凄《すご》く複雑であり外国人である私たちには、どうせ分からない。現地人にしか分からない。このカースト制度をお釈迦様（ゴータマ・シッダルタ）が激しく嫌ったはずだ。だからバラモンたちとあんなに激しく論争している。釈迦（彼は王族だからクシャトリヤ階級）は、29歳で出家したヒンドゥー教の修行僧だったのに、ついにヒンドゥー教（バラモン教）を否定して新しい人間愛に満ちた宗教を作り出した偉大な人物だ。

カースト制度の4つの階級のさらにその下に、アウトカースト（outcaste 不可触の賤民。アンタッチャブル）がいて、今のインドの現地では「ダリット」と呼ばれている。5000万人ぐらいいるようだ。シュードラ階級（下層の農民たち）は、今もなお一切の産業化を拒絶して、「歴史の中に入らない」。意地でもバラモン階級の支配を受け入れないという決意のようなものがあることを感じた。だから、都市部を離れた農村部（ガンジス河の大平原）では、人々は平気で、道路端《ばた》にまで出てきて、朝の7時ぐらいにいまも並んで男も女も、ウンコをする。この「自分たちは歴史の中に入らない」という彼らの決意には、私も心底、恐れ入った。

第二章

2世紀頃、仏教にキリスト教が流れこんだ

ギリシャ、ローマの影響を受けたガンダーラ美術と仏教伝来

ブッダが亡くなり200年が経って、アショーカ王（マウリヤ朝第3代、紀元前304〜紀元前232）が「第3回仏典結集」を行った。ここでそれまで口伝《くでん》として伝えられていた釈迦の教えを、書かれた聖典の形にまとめあげていったという。このとき、まだ仏像は存在していない。ないものはないのだ。

ガンダーラ美術（仏像）はインドの北の方、今のパキスタンの北（ペシャワール、イスラマバードのあたり）であるガンダーラで生まれた。ギリシャ、ローマの影響を受けている。だからギリシャ彫刻のような西洋人と混ざった顔をしている。このことを日本人は小学校の社会科で習う。このガンダーラ仏像が南下して釈迦が生きていたインド東部のビハール州の方にも伝わって、そこでも作られるようになった。特筆すべきはガンダーラには阿弥陀如来などの像はない。ブッダの像だけである。

偶像《ぐうぞう》を拝むという思想は釈迦の周辺にはなかった。これはギリシャ、ローマ文明の影響である。3世紀以後仏像（主に石仏、磨崖仏《まがいぶつ》）が崇拝されるようになって、釈迦の姿を描いたものが中国までやって来た。英語では仏像をBuddha's image「ブッダズ・イメー

ジ」と言う。だから仏像という以上、「仏」の「像」だからブッダその人の姿形でなければいけない。絶対にそうなのだ。ところが、この「仏」をどんどんいい加減に広げていって「他の仏様」たちが出現したのだ。

私は再度、ここで問う。①阿弥陀如来は、一体、何者なのか。②観世音菩薩（観音様）は何者なのか。③弥勒菩薩は何者なのか。②観世音菩薩も③弥勒菩薩も立像が多く、乳房があり、腰がくびれており、全体が女性の像である。誰がどう見ても女である。全身に飾りをつけ、髪も豪華に結っている。これらは釈迦の像とは絶対に異なる。

この当たり前の一点を仏教学者、仏僧たちがはっきりと言おうとしない。京都に行くと、必ずどの宗派の坊主も「阿弥陀如来は男でもなく女でもなく中性だ」と言う。おかしな話だ。ギリシャ神話に登場する恋愛の女神であるアフロディテ（ギリシャ名・・Aphrodite）と同じ両性具有（アンドロギヌス）のことか。私は知識人であるから、これまでに京都の僧侶10人ぐらいに問い質《ただ》したことがある。しかし、この問題に誰も答えなかった。

日本の仏教学者、仏僧たちは、阿弥陀如来や観音菩薩の像が女性だと困るのである。阿弥陀如来、観音さまと釈迦がどう違うのか。ここを私は徹底的に追究する。このことと同じく、マグダラのマリアがイエスの奥様であると困る者たちがいるのである。それがローマ・カトリック教会である。巨大な偽善の集団だ。彼らは母のマリアの処女懐胎（無原罪《げんざい》妊娠）を説き続けている。いい加減にしなさい。

仏教は広大なタクラマカン砂漠（タリム盆地）のオアシスの都市から都市に徐々に伝わって、中国にすでに2世紀、3世紀には入ってきている。仏図澄《ぶっとちょう》（ブドチンガ、？～348）、クマラージュ（鳩摩羅什《くまらじゅう》　クマーラジーヴァ、344～413）が伝えた。仏典の偉大なる翻訳僧として後で玄奘三蔵《げんじょうさんぞう》（602頃～664）が出てくる。鳩摩羅什と玄奘三蔵のふたりは二大訳聖《やくせい》と言われる。ともに立派なお坊様である。

鳩摩羅什《くまらじゅう》の母親は亀茲国《きじこく》の王の妹だったので、漢人ではないがサンスクリット語ができた。仏典が、今の新疆《しんきょう》ウイグル（タクラマカン砂漠）にまでサンスクリット語のままでどんどん伝わっていたのだろう。クマラージュは母親に連れられて、敦煌から首都・長安（正確には、まだ五胡十六国時代の中国）に入っていった。今の「般若心経」はクマラージュが翻訳したものや玄奘が翻訳したものなど4種類がある。

クマラージュが中国領内に入る際に問題があった。当時の中国は男で髭《ひげ》を伸ばしていない者の入国を認めていなかった。だからクマラージュは仏僧ではないことにするために髪を伸ばし、女と交わった。悲しい話である。

敦煌の仏教壁画

８００年代になると、仏教の本家本元であるインドで仏教が衰退を始めた。６２２年がイスラム教のヒジュラ元年（成立年）である。この直後からムハンマド（マホメット）の思想が１００年も経たないうちに、爆発現象のように世界中に大きく広がった。西はモロッコから東はタクラマカン砂漠を越えて中国まで一気に押し寄せてきた。これは他の宗教に対する破壊、攻撃も含む。イスラム教は21世紀の今も広がっている途中なのだと言う。本当だ。偽善が少ないからだとされる。イスラム教徒は世界中で今17億人いる。現在の仏教やキリスト教がウソ宗教になっている（ほとんどの人が信仰していない。習俗に過ぎない）のに対し、イスラム教は生きている宗教で今も増殖中らしい。

後のムガール帝国につながるイスラム化した支配者たちによって、インドのナーランダ学園は破壊された。それは玄奘がまさしくナーランダで学び中国に仏典をたくさん持ち帰ってから２００年ぐらい後のことである。

私は２０１０年に中国甘粛《かんしゅく》省の敦煌《とんこう》にも行った。敦煌の町はずれ30㎞ぐらいのところに、岩石砂漠の炎熱地獄がある。その中の枯れてしまった山肌の川沿いに、何㎞にもわたって続く有名な石窟《せっくつ》寺院や仏教壁画がある。これには圧倒された。

左ページの写真に掲げるごとく、唐の時代の芸術の高度さと質の高さは、この女性像に見られるとおりまさに当時世界一だ。極めて美しい。中国人が世界帝国を建設していく過程で生み出されたものだ。この7世紀ぐらいの中国人が描いた絵や建造物が今もたくさん残っている限り、中国の芸術と文化を侮れる者は誰もいない。日本国内に移入され流れ込んできたものもすべて中国の美術、芸術作品である。この莫高窟《ばっこうくつ》の女性像（菩薩）は、レオナルド・ダ・ヴィンチの「モナリザ」に匹敵する。

石窟寺院であるから、釈迦三尊像の原型《アーキタイプ》がたくさん彫《ほ》られている。石窟の中に造られている。敦煌莫高窟の第45窟の像はとりわけ興味深い。釈迦の左隣に阿難《あなん》（アーナンダ）がいて右隣が目連《もくれん》（モッガラーナ）がいる。もうひとりの有名な弟子が舎利弗《しゃりほつ》（シャーリープトラ）だ。彼はバラモンの出でインテリだった。だからサンスクリット語（梵語）が書けて話せた。だから仏典が今に残ったのだ。シャーリープトラは、ものすごく重要だ。なぜなら多くの仏典でブッダは舎利弗に話しかけている。その阿難と目連の両側にそれぞれ白い肌をした女官のような美しい女性像がいる。そして、これがのちの観音菩薩と弥勒菩薩の2人なのである。そのように私は決めつける。あーこれでスッキリした。私はこのことで20年ぐらい悩んできた。さらにその横に四天王と呼ばれる毘沙門天《びしゃもんてん》や不動明王《ふどうみょうおう》の軍人

敦煌莫高窟　第45窟の像
(『敦煌とシルクロード』杜闘城・王書慶編著、海天出版社、2005年より引用)

初唐の７世紀に描かれた菩薩とされる女性の像
(『敦煌とシルクロード』杜闘城・王書慶編著、海天出版社、2005年より引用)

たちが描かれている。この釈迦三尊像のような仏像が敦煌莫高窟にたくさん描かれ出したのは、3～4世紀からである。

ここまで書いてきたとおり、どうやら②観世音菩薩と③弥勒菩薩のこの2人が、敦煌莫《とんこうばっ》高窟《こうくつ》の第45窟の像にある、まさしく2人の女性である。

この2人は、「菩薩」と呼ばれている。菩薩とは、前述したがボーダイサッターで仏教の熱心な修行者を指す。しかし菩薩と呼ばれるのは、同時にかなりの位の仏教上の立場である。菩薩をあと一段上がれば「如来」である。悟って正覚《しょうがく》を得たものが如来である。釈迦如来、阿弥陀如来、大日如来、薬師如来のことを後世の仏僧たちが「四如来」と呼んだ。これらは、ブッダの化身とされる。なんでも有りのごちゃまぜ理論だ。

やはり、この敦煌莫高窟の第45窟の色白の2人のキレイな女たちが観音と弥勒の姿だ。私は、観音と弥勒の違いを次のように考える。イエス・キリストが紀元30年に36歳で磔《はりつけ》刑に処せられ死んで、墓に埋葬された。そして3日後に復活《リサレクション》した。そして、弟子たちの前にボーッと現れた。そして復活から40日ぐらいして昇天（アセンション ascension）した。天に昇っていった。そして、その後、1000年が経って、天からこの地上に人間たちすべてを救済《サルベーション》するためにイエスが現れる……ことになっていた。この降臨《こうりん》するイエスが、仏教の弥勒菩薩と同じである。救済のためのイエスの姿が仏教では弥勒菩薩なのである。この弥勒《ミロク》の降臨を「弥勒下生《げしょう》」と言う。だから弥勒下生はキリストがメシア（救い主）として降臨することと全く同じだ。降臨して、人類を救うという姿は、キリスト教から生まれたものである。もともとはユダヤ教の「メシア」、救世主、救済者という思想だ。ただしユダヤ教ではメシアはまだ現れていないとされる。ここでキリスト教と大ゲンカになる。

問題の紀元２〜３世紀は、クシャーナ朝のカニシカ王（在位１２８〜１５１年）の時代である。この２世紀に仏教の中にキリスト教が大きく流れ込んだのである。これが、この本での私の考えの中心であり、核心である。それをもっとはっきり紀元１５０年のことだと決めつけることにする。クシャーナ朝（帝国）は、中央アジアからずっと北インドのパミール高原まで、すなわち、ガンダーラ地方まで支配していた。現在のパキスタンの北の方のペシャーワルのあたりがガンダーラだ。ペシャーワル渓谷とタクシラ地方にはこの時代の仏塔と仏寺の遺構が数多く残っている。

カニシカ王のクシャーナ帝国でキリスト教と混ざった仏像であるガンダーラ美術が繁栄した。多くの仏教建造物も建立された。この仏像文化は、ギリシャ彫刻（ヘレニズム）のようでもあり完全にキリスト教と混ざっている。だから阿弥陀如来もまた、この２〜３世紀に、北インドのこのガンダーラで生まれただろう。阿弥陀如来の像も明らかにマグダラのマリアのマリア像そのものである。

このマリア像信仰がタクラマカン砂漠（タリム盆地）を経て3世紀には中国に到着している。中国仏教の基礎をつくった西域からの渡来僧の仏図澄《ぶっとちょう》（232～348）と、インドへ旅立ち経典を持ち帰った法顕《ほっけん》（337～422）たちは4～5世紀の人だ。しかし、それよりももっと100年早く中国にキリスト教が直接、伝わっている。この2～3世紀である西暦200年代に中国に到着したキリスト教は道教と名を変えた。三国志の世界（230～270年）とピッタリ同じときだ。

この時、中国に現れた張角《ちょうかく》（?～184）は、「黄巾の乱《こうきんのらん》」という民衆反乱を起こした。道教の原型とされる太平道《たいへいどう》の創始者である。この他にこれと全くよく似た「五斗米道《ごとべいどう》」という教団を作った張陵《ちょうりょう》がいる。この張角たちの民衆宗教の指導者たちは、おそらくキリスト教の宣教師そのものであったろう。これは私の発見である。私にとっての大切な理論だ。だから中国の道教の道士《どうし》なるものの原型は、キリスト教の宣教師たちである。ひたすら民衆救済を本気で説いた人々だ。しかし決して軍人たちではない。のちに武将（軍人）たちになってゆく、暴力団の暴れ者たちが、この民衆宗教の指導者たちの周りに寄せ集まってきた。彼らは劉備玄徳《りゅうびげんとく》（161～223）や、曹操《そうそう》（155～220）のような人間である。やがて彼らが、プロの殺し屋集団として軍事専門の政治権力者、すなわち国王にな

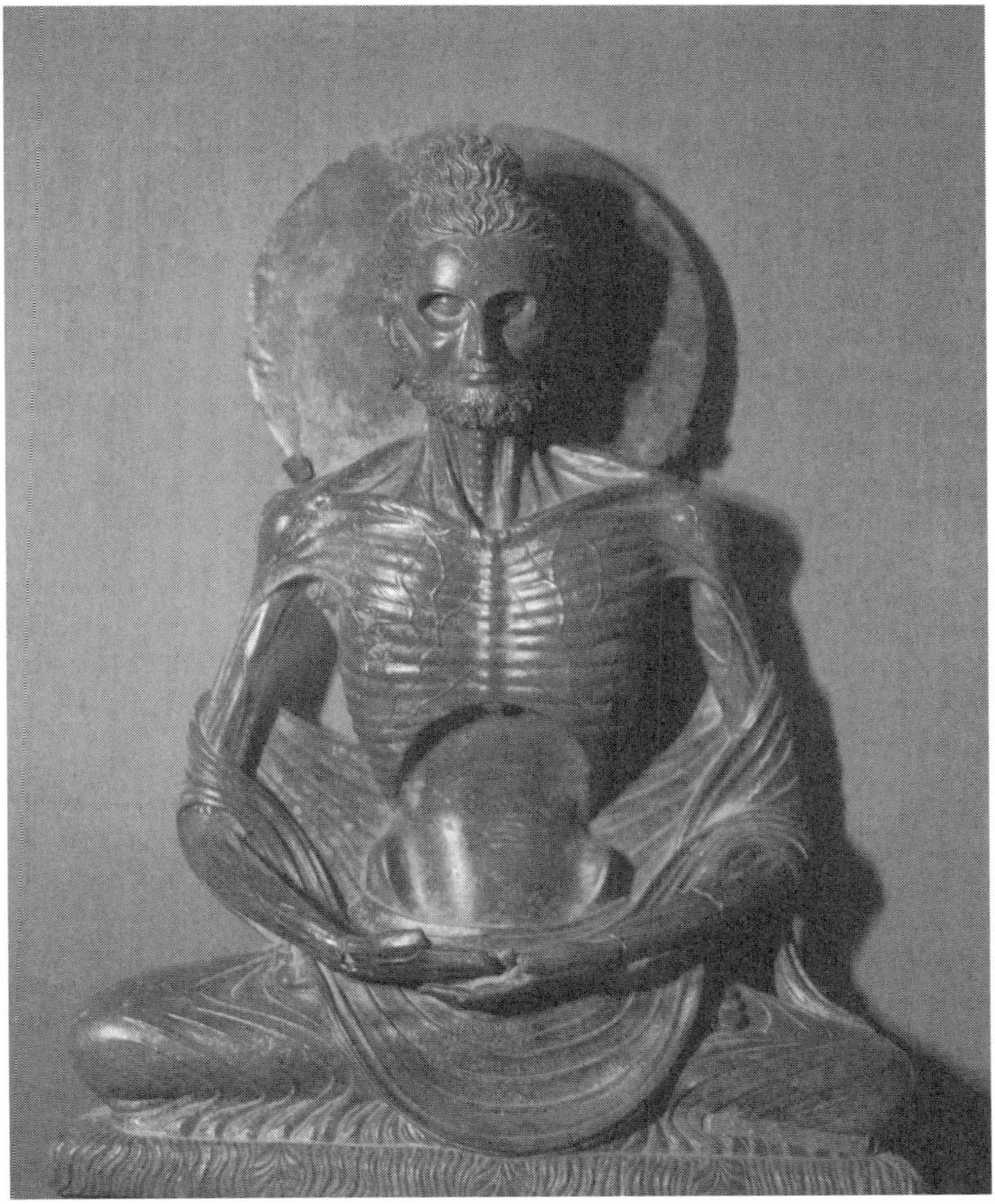

ガンダーラ仏像の中でも最も有名な苦行する釈迦の像（パキスタン、ラホール美術館蔵）

って覇権をめぐる激しい戦争をしていったのである。勝ち残った者が皇帝となった。だから、張角たちのような道教の道士たちは、これは中国に伝わった最も古いキリスト教の伝道者たちだと見なければならない。その思想の中心は、「民衆を救済する、助ける」という思想でできている。大切なのはこの1点である。だから中国に伝わった仏教もキリスト教であるが、道教もその正体はキリスト教なのである。中国で他の時代に起こった紅巾の乱（1351〜1366）や白蓮教徒《びゃくれん》の乱（1796〜1804）や、太平天国《たいへいてんごく》の乱《らん》（1850）、義和団《ぎわだん》の乱《らん》（1900）もすべて中国化したキリスト教による民衆反乱の思想である。すべては「苦しんでいる民衆を助ける」という切実な思想でできている。この中国へのキリスト教が変形したものとしての道教の問題は、また後で述べる。

私が2000年にすでに書いていたこと

私は『ハリウッドで政治思想を読む』（2000年、メディアワークス刊）で、親鸞の教説がキリスト教の影響を受けていると、すでに書いている。筆者の旧著から引用する。

『スター・ウォーズ　エピソード1』で、一番光っていたのは、やはり東洋的な惑星

ナブーの女王であるクィーン・アミダラの役を演じたナタリー・ポートマン（Natalie Portman）であろう。（略）

女王アミダラというのだから、これは中国仏教の浄土門における阿弥陀如来（アミダニョライ）からとった人物像であろう。タイやチベットの仏教には阿弥陀信仰はないが、似たような女神ならいるだろう。如来は、シャカムニの姿の一つ（化身）だから女の仏はいないはずなのだ。が、観音菩薩などはどう見ても女神像だ。五～一二世紀の中国で栄えた阿弥陀如来の流れである。

おそらく、阿弥陀如来は、本当は、キリスト教のマリア信仰が、トルキスタン（中央アジア）を越えて中国にやって来たものだろう。その途中で、仏教の中に変形されて取り込まれた信仰である。それらは日本の最高学問機関であった比叡山に仏典の形で多くもたらされた。こうして日本までたどりついた時に、法然や親鸞の日本浄土宗になった。親鸞上人は、比叡山で修行僧だった時に、この浄土教の仏典を読んだが、その中に、他の経典の中に紛れこんでマリア信仰が中国的に変形して中国語（漢文）仏典になっていたものがあったのだろう。たとえば親鸞上人は、「悪人正機説《あくにんしようきせつ》」で知られる。これは、「善人なほもて往生を遂ぐ。いわんや、悪人をや」という例の文句で有名である。善人であれば極楽浄土へ行くことができる。そうであるならば、あればなおさらのこと現世で悪行を重ねた者は、極楽浄土（天国）に行けるのである、という強度に逆説的な理論である。浄土宗では、人間は、現世ではただひたすら念仏をとなえればよしとする。この親鸞の「悪人正機説」は、日本の知識階級に何世紀もの間支持されてきた思想だが、どう考えてみても、これはキリスト教、とりわけパウロの説教である。

だから日本の浄土宗の原型は、中央アジア経由のマリア信仰であり、キリスト教の変形したものである。この考えは、おそらく日本の仏教研究学者たちの間でも長い間密かに語られてきた事実であろう。私は、まだその手の仏教学の裏の論文に行き当たったことがない。しかし、もうすぐ捜し出すだろう。

（『ハリウッドで政治思想を読む』Ｐ１２７〜１２９）

キリスト教の影響を受けた観音様はマリア様

私が読み破った理解としては、観音菩薩の起源は、紀元後2世紀頃のクシャーナ朝の北西インドにある、ということだ。だから、明らかにキリスト教の影響を受け、観音様はマリア様である。ヒンドゥー教のシヴァ神は紀元前１５００年ぐらいに成立していると言われているから、これはゾロアスター教の影響が強い。古代イランのゾロアスター教の最高神は、アフラ・マズダである。そのアフラ・マズダの娘（長女）が女神のアナーヒターとされる。このアナーヒターが観音菩薩になった。これは有力な学説だ。これが後述するが、弁財天という美人の女の神様にもなっている。ところがヒンドゥー教のサラスヴァティーも又、ゾロアスター教のアナーヒターと同じである。もしかしたら、アナーヒターは阿弥陀にもなったかもしれない。ここは元をたどれば同じだと思う。阿弥陀のミダは音声からも元はこれはマリアだろう。私はそう決めつける。どう考えても阿弥陀如来は最初からマリアだ。この言葉が2世紀にエルサレムのあるパレスチナの方から伝わった。紀元前563年に生まれたお釈迦様の時代には、救済《サルベーション》という思想はまだない。ないものは、ない。このように考えると、辻褄が合ってくる。このようにして観音と阿弥陀は元をたどれば一緒だろう。人間は誰しも美しい女神にすがって、助けてほしいと思う。ただ、女が女にすがりつきたいものなのかどうかは、男である私にはわからない。母親と娘の関係だ。

インドという国は、昔からペルシャに頭が上がらない国だった。ペルシャは今のイラン高原である。ペルシャが帝国をつくると、その度に緑の沃野であるところのメソポタミアまで馬で駆け下って制圧した。その中心にバビロンがあった。バビロンの都はユーフラテス川をまたいで広がっている。世界三大文明とは、①メソポタミア文明・エジプト文明、②インダス・ガンジス文明、③黄河文明をさす。四番目としてギリシア・ローマ文明（今の欧米白人文明の祖）を入れることもある。チグリス川とユーフラテス川の間の地域がメソポタミアであり、そこで生まれた文明が①メソポタミア（今のバグダッドあたり）文明である。②のインダス・ガンジス文明は、どうしても最初からメソポタミア文明の影響を受けている。バビロン（バグダッド）の方角とは別にインドにまで、馬に乗ってどーっと攻め込むこともある。これも北方遊牧民族としてのイラン民族で、ペルシャ民族である。このことを指して、19世紀のドイツの哲学者ヘーゲルは、「高地アジア（ペルシア）の本質は熱狂である」と、『世界史の哲学』に書いた。だから、ペルシャ絨毯《じゅうたん》は、インドでも作られている。インド絨毯とは言わない。このことは重要だ。私はこの事実を自分でインドで確認した。8世紀ぐらいからイスラム教徒になったペルシャ人たちが、インドにまで攻め込んできて、仏教を壊してまわった。この後、デリー・スルタン朝が、13世紀初頭〜16世紀初め（１２０６〜１５２６）までの約３２０年間、デリーを中心に主として北インドを支配した。

この時、アブー・サイードという王が出てきた。この人物は自分はチモール（ティムール）朝の子孫だと言っていたイスラム化した支配者なのに、同時にモンゴル帝国のモンゴル人の子孫でもある。このイスラム化したペルシア・モンゴル人の王朝（帝国）がムガール帝国である。ムガールとはモンゴルという意味である。ムガール帝国はイギリス人に打ち倒されるまで、1526〜1858年まで320年間続いた。ムガール帝国5代皇帝シャー・ジャハーンが作ったのがタージ・マハルだ。ペルシャから迎えた王妃のムムターズ・マハルが若くして亡くなったために悲しくて作ったあの壮麗なタージ・マハル霊廟宮殿だ。強大な政治権力は必ず、自己顕示のためと、余剰の人民労働力を使って壮大な建物を作って後世に残す。ムガールの皇帝も自分たちはペルシャ人だと思い込んでいたようだ。だからタージ・マハルもペルシャ様式なのだ。イスラム・ペルシャの方が元々文明のレベルが高い。これが伝わってインダス・ガンジス文明になった。

だがそれでもインドの各地を支配していたマハラジャと呼ばれる各地域の王様（藩主クラス）たちは、ずっとヒンドゥー教徒のままだった。インドの南、デカン高原を中心とした地方の王様たちは、「マラータ同盟」を結成してムガール（イスラム）帝国に対抗した。インドの歴史は、ムガール皇帝と、このマラータ同盟の王様たちとの戦いである。

阿弥陀如来は早くも3世紀には中国に到着している。だから、4、5世紀の中国では阿弥陀如来信仰、すなわち西方浄土《じょうど》の浄土思想が成立している。西方とは、ずっと西の方のことでエルサレムである。だから浄土思想は、エルサレムの方を拝むという思想だ。これが、「ただひたすら神の名を唱えよ」という「アーメン（アミダ）を唱えよ」という思想として中国に伝わったのだ。「アーメン」とは「まことに、確かに、そうなりますように」という意味であるとされる。が、実はチラリと前述した「アメン神」のことである。古代エジプトでアマルナ革命（紀元前１３５０年頃）という宗教改革があった。このアマルナ革命のときに現れた神で、アメン神の他にアテン神を作った。古代エジプト王朝の王（ファラオ）のアメンホテプ（トゥト・アク・アメン）４世が従来のアメンをやめてアテンという神を作って崇拝した。新しい神を作ったために、神官たちと10年間ぐらい激しい戦いになった。そのときアメンホテプ４世によってアマルナという新しい都市が作られたのだが、すべて消滅して再び、昔の都に戻った。

　預言者モーセが現れたのは紀元前１２５０年頃とハッキリしている。モーセも、どうやらこのアメン神の信者であり、モーセを指導した神《ヤハウエ》というのは、どうやらアメンホテプ王と対立した実在の神官たちである。ユダヤ教の経典の中心は『出エジプト記』（エクソダス Exodus）であるが、この『出エジプト記』自体は、モーセという男の行動記録である。モーセ五書Ｔｏｒａ《トーラ》とは、創世記、出エジプト記、レビ記、民数記《みんすうき》、申命記《しんめいき》の五書である。その創世記（ジェネシス Genesis）の天地創造に「はじめに光ありき」で、「はじめに神は天と地とを創造された」とある。神が天であり、1週間でこの世界がつくられて、最後に人間をつくったとする。この話は、モーセの行動のずっと後で生まれた話である。あくまで、ユダヤ教の原点は、モーセの行動の記録、すなわち『出エジプト記』だ。

だから、アメン神をただひたすら唱えればいいという、このアーメンという思想が仏教の中で阿弥陀様になっている。阿弥陀信仰もただひたすら「弥陀の本願」と言って、「阿弥陀様の名前を唱えさえすればいい」という思想になった。これが「南無阿弥陀仏《なむあみだぶつ》」という呪文になっている。「阿弥陀」には、この他に阿弥陀如来の梵名であるアミターバ（無限の光をもつもの）とアミターユス（無限の寿命をもつもの）の意味がある。また、古代イランのゾロアスター教の最高神のアフラ・マズダの娘とされる女神のアナーヒターが観世音《かんぜおん》になったこととも関係する。ヒンドゥー教（バラモン教）では、天《てん》はブラフマーである。古代インドの宗教哲学書のウパニシャッドでは、「宇宙と人類を支配するブラフマン（梵《ぼん》）とアートマン（我《が》）の一致」を説く。

前述したとおり、観音と弥勒は、ブッダのまわりにいた2人の美しい女の弟子である。この観音（観世音菩薩《かんぜおんぼさつ》）は、サンスクリット語でアヴァローキテーシュヴァラと言う。「アヴァ」は遍《あまね》く、「ローキテー」は見る、「シュヴァラ」は自在者という意味である。観音は「光明の神」とも呼ばれる。一方、阿弥陀の方は無量寿経《むりょうじゅきょう》、観無量寿経《かんむりょうじゅきょう》、阿弥陀経《あみだきょう》の浄《じょう》土三部経《どさんぶきょう》として日本にまで伝わってきて、これが日本の浄土宗（本願寺）の聖典《キヤノン》となった。観世音菩薩の方も同じく民衆を救済する仏典である観音経《かんのんきょう》として中国、日本に伝わった。「観音経」と一般的に呼ばれるお経は、実は、法華経の一部である。妙法蓮華経の第25章のことを観音経というのである。法華経は天台宗（比叡山延暦寺）や日蓮宗の聖典である。だからこれらも民衆救済のための仏教である。2世紀ぐらい（ズバリ紀元１５０年）に成立した法華経のその鳩摩羅什《くまらじゅう》訳の『妙法蓮華経《みょうほうれんげきょう》』の中の「観世音菩薩普門品《かんぜおんぼさつふもんぼん》第二十五」が独立したものを観音経と言うのだ。この事実を岩波文庫の『法華経』（全３巻、１９６２年初版）で各自、確認してください。

第三章　ブッダの言葉こそ本当の仏教

釈迦（ブッダ）の一生

ここから釈迦の生涯について解説する。釈迦（ゴータマ・シッダルタ Gautama Siddhattha）が実際に生きて活動した地域はインド東部（ベンガル地方に近い）のベナレス（ヴァラナシー）を中心にした一帯である。ガンジス川のことを現地では「ガンガー」という。ベナレス（現在はヴァラナシーと言う都市）はガンガーのほとりである。西の方へ上流へ５００㎞ぐらいゆくと首都ニューデリーがあり、その側《そば》をガンジス川が流れている。それがこのヴァラナシー（ビハール州）まで下って来て、さらにバングラディシュ、ベンガル湾へと流れてゆく。

日本人はインド人というと、黒い色のアジア人で自分たちモンゴル系（含む中国人）とは異なるアジア人種だと思っている。目鼻がはっきりして鼻筋が通った欧米人と似ている。それをアーリア系の人種と言う。しかしインド東部はアーリア系が減って、ベンガル人であるからインド独立の英雄チャンドラ・ボースのように、かなり東アジア系に近寄る。

ブッダ（釈迦）は、紀元前５６３年に生まれた。29歳のときに、妻子とお城を捨てて、

4人の仲間と一緒に修行に出たと言われている。この4人は、初めからブッダの従者で家来たちだったという説もある。当時のヒンドゥー教の中に、きっと激しく純粋性を求める傾向が強くあった。きっと豊かな家庭の若者たちに「自分は修行者になりたい」という熱病《ユーフォリア》的流行となって表れていたのだろう。ブッダだけが当時、卓越して優れた人物だったのではなくて、ブッダとその仲間たちの修行への熱狂の慣行は、どこの国にもあるものだろう。それは、多感で純粋志向の若者たちの思想運動への参加である。

ブッダは、シャカ族というインド中部の北方、当時の小国の王族の王子さま（王太子）だった。ここは現在、ネパール側に入っている。ブッダは、このインドとの国境線に近いルンビニーという所で紀元前563年に生まれた。ここも聖地になっている。

2500年前のインドは、今と同じくものすごく豊かな穀倉地帯だっただろう。インドの農村地帯は昔のまま広がっている。現在との比較で言えば、ガンジス河流域は当時でも世界基準での豊かな地帯だったろう。亜熱帯であるからあまり苦労しないでも米と麦が穫れる。

今の高度な工業化した世界との比較で言うから、インドは今も見るからに貧しい。だが、2500年前のインドは豊かだったろう。そうでなければ、その後、ブッダの思想に惹きつけられて、中国からあれほどの多くの留学僧が、長い苦難の旅をしてインドにまではるばるやっては来ない。精神性の高さではインドが中国よりもずっと上だった、ということだ。この大きな思想運動は実に1000年間に亘って続いた。イスラム教がインドまで拡大してきた9世紀にインドの仏教が衰えた時までだ。

ブッダと4人の修行仲間の若者たちは当時のインドにあった熱病の「純粋なるものを追い求める流行」に従って、30歳ぐらいで家を捨てて出家した。彼らは、ずっと南の方へ下っていって、真南に400㎞ぐらい行った、今のヴァラナシー（英語名ではベナレス）に行った。ヴァラナシーは現在も有名な霊場であって、多くのヒンドゥーの修行者が集まっている。

このインド最大のヒンドゥー教の神聖な霊場はガンジス河のほとりにある。仏教とヒンドゥー教を考える上では、このヴァラナシーの町が非常に重要だ。私は現地に行ってみてよく分かった。ただし、ものすごく汚い。ヴァラナシーの名前は日本でもよく知られている。テレビ番組でも長年あちこちの局の旅行番組で取り上げられてきた。インドと言えば聖地ヴァラナシーなのである。ここは、インドの首都デリーから500㎞東だから飛行機で1時間半ぐらいの所だ。

インドへの旅で私が最大の衝撃を受けた場所もこのヴァラナシーだった。このヴァラナシーさえ分かればインドが分かるというぐらい重要な所だ。ただし筆舌に尽くしがたいほ

仏教ゆかりの八大聖地

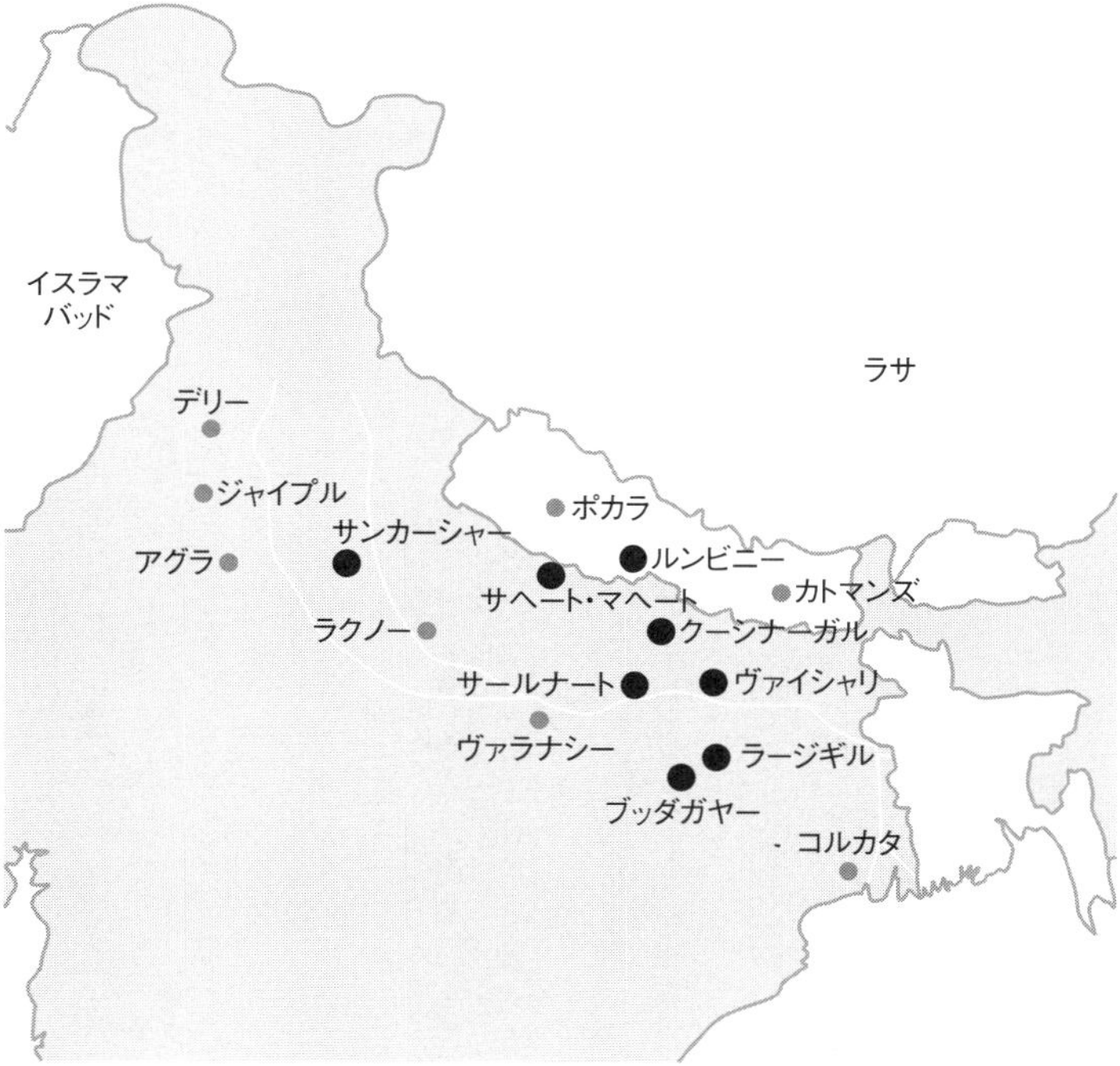

- ルンビニー…生誕の地
- ブッダガヤー…成道（悟り）の地
- サールナート…初めての説教の地
- ラージギル…布教の地
- サヘート・マヘート…祇園精舎のあるブッダ教団の本部の地
- サンカーシャー…昇天の地
- ヴァイシャリ…ブッダ最後の旅の地
- クーシナーガル…涅槃（死）の地

ど汚い。なぜなら人々が死ぬために集まる所だからだ。
映像と写真には、ばい菌と臭《にお》いと本当の穢《きた》なさは写らない。映像と写真は現代の人類が抱えている最大のウソつき機械である。今や映像と写真ぐらいウソを写すものは他にない。

世の中のあれこれの穢《きた》ない現実と真実は、あまり活字にはならない。そんなことはいくら書いても仕方がない。人間世界の当たり前の現実だから。いくら穢ない現実世界を書いてもどうにかなるものでもないという考えもある。だから「きれいごと」を中心に世の中はできている。あれこれの穢《きた》ならしいことは表面には表さないことになっている。私は、こういうことに違和感を覚える。私は〝本当の真実〟にしか興味がない。

私が過去に実際に体験した現実の政治の世界も穢ない世界だった。そのうえに恐ろしい世界だった。その穢《きた》なさと恐ろしさは、新聞記事や週刊誌記事などには表れない。新聞記者たちには少ししか分からない、本当の政治活動家（政治家）たちの世界があるからだ。宗教の世界もおそらく複雑な人間関係の世界であり、それぞれが宗派《セクト》となって大教団をつくっておぞましい人間関係を形成している。そうに決まっている。だからブッダ教団である今の世界中の仏教の諸集団（宗派）もキレイごとでは済まない。しかし、それらと生身のブッダやキリスト、ムハンマド、老子、ソクラテスらの実際の偉人像はまた別である。

これらの大聖人たちはやはり偉かったと私は思う。その後の思想・宗派の継承者たちもそれなりに偉いのだ。今に名前が残って伝わっているのだから偉いのだ。が、それはそれぞれの国の基準での話である。人類の大きな真理を説こうとして出現したブッダとキリストの「人間（人類）を救済したい」という大思想にこだわってみると、それ以外は小さなことだと考えないわけにはゆかない。その内部もまた、穢《きた》なくて恐ろしい世界であるとしても。

ブッダが必死で修行した町

ヴァラナシー（ベナレス）はヒンドゥー教の聖地であって仏教の聖地ではない。

ゴータマ（釈迦）自身がこの町にやってきてぶらぶらと一時期、暮らしていたはずなのだ。自分が食べていく分だけは、自分で稼がなくてはならない。「出家」して故郷と縁を切って無一物なのだから。そうやって民衆と一緒に生きることに決めたのだ。

ブッダは29歳で出家して、6年間ガリガリにやせ細る苦行を実行した。それはこのヴァラナシーからさらに東側に２００㎞ぐらい行った、今はブッダガヤーと呼ばれている所だ。ここで35歳のブッダは「悟り」を開いた。このブッダガヤーの北にあるラージギル

（昔の当時の名はラージャグリハ）という町が、仏教の聖地として重要だ。ここに竹林精舎《ちくりんしょうじゃ》（ヴェニバナ・ビハール）があった。もう一つサールナートという町がある。ここはヴァラナシーから北に10㎞位行った所で、ブッダが初めて説法をしたといわれる所である。これらの都市が重要で、ブッダが本当に生きて活動した町だ。

ラージギルは当時の強国であったマガダ国の首都であり、ビンビサーラ王という強い王さまがいた。この王さまが、ブッダを大切にした。ビンビサーラ王はどんどん人々の間で評判となり影響力を増した40歳以降のブッダに帰依した。そして竹林精舎《ちくりんしょうじゃ》という、大きな修行場を大商人に献上させた。この竹林の宿泊所（これをビハールという）で、ブッダは、弟子たちとともに夏の長い雨季はひたすら瞑想《めいそう》にふける修行をする。精舎《しょうじゃ》（ビハール）というのは、お坊さん（出家した修行者）たちのための宿泊施設である。それがのちに、ナーランダ学院（ビハール）などの学問所にもなった。だがビハールはもともとは、飢えた貧困者たちが集まった宿泊所、止宿所《ししゅくじょ》である。そこに行けば、バラモンたちがごはんを無料《ただ》で食べさせてくれる場所、という意味である。

ところが、ブッダたち５００人の出家者（これを「サンガー」と呼ぶ）を保護したビンビサーラ王は、のちに息子の１人のアジャータシャトルに殺された。ビンビサーラの王子だったアジャータシャトル（阿闍世《あじゃせ》）は、父（王）殺しをやったのだ。そしてブッダの弟子なのにブッダに反抗して新教団を形成しようとしていたデーヴァダッタに唆《そそのか》されて、父であるビンビサーラ王を幽閉し、ついには殺して即位したと伝えられている（デーヴァダッタについては後述する）。自分たちのパトロン（檀那《ダナー》、旦那《だんな》さま）だった王を殺されたブッダたちは相当に悩んだだろう。このときブッダは72歳だった。

ブッダが生きた時代も、ビハール（Vihar）は貧窮者たちのための、食料の無料配給施設だった。こうした施設を作って、貧しい者たちに施《ほどこ》しをしたのは、当時のバラモンたちだった。彼らはヒンドゥー教の一番上の階級の貴族さまたちだ。

バラモンは、貴族階級であり、当然裕福だから、施《ほどこ》しは当時のインドでは当たり前の考えだったのだろう。貧しい者たちに、ご飯をただで食べさせていた。古代のインドは豊かだったろう。ガンジス河の肥沃《ひよく》な平原地帯は、毎年、種を直播《じかま》きしさえすれば、米と麦がたくさん穫れた。これが、ゴータマ・ブッダその人の言行録の背景で当時の環境だ。

『ブッダのことば（スッタニパータ）』という本がある。この本が岩波文庫で出ている。中《なか》村元《むらはじめ》訳で1958年が初版である。今もよく売れている。この本こそは本物の仏典（ブッダその人のコトバ）である。ということは、他の仏典は怪しい、ということだ。ブッダ本人が語ったコトバであるかどうか疑問なのだ。ブッダ本人のコトバでなければ、それらはすべて後世の作り話である。私は、このことを強調する。この『スッタニパータ』の中に次のように書かれている。これがブッダ本人の本当の思想だ。

三、犀の角

三五　あらゆる生き物に対して暴力を加えることなく、あらゆる生きもののいずれをも悩《なや》ますことなく、また子を欲するなかれ。況《いわ》んや朋友《ほうゆう》をや。犀《さい》の角《つの》のようにただ独《ひと》り歩《あゆ》め。

三六　交《まじ》わりをしたならば愛情が生ずる。愛情にしたがってその苦しみが起る。愛情から禍《わざわ》いの生ずることを観察して、犀の角のようにただ独り歩め。

（前掲書・中村元訳）

これがお釈迦さまの本当のコトバだ。「この犀の角のようにただ独り歩め」という言葉が何十回も繰り返されて、私はしびれた。これが本当の仏教だ。

ブッダは、35歳で悟って80歳で涅槃《ねはん》すなわち死ぬまでの45年間を、この辺りの200km四方の各地を歩いて回って説法をしている。たいていはラージギル（王舎城《おうしやじよう》）という都市にいて、ここに「竹林精舎《ちくりんしようじや》」があって、ここで500人くらいの弟子たちと暮らしていたようだ。雨季が終わって、冬の乾季になると、弟子たちはウロウロと托鉢《たくはつ》に出たようだ。これが一切無所有、無一物の勤厳なる姿である。このラージギルから400㎞くらい北の方にサヘート・マヘートがある。ここに「祇園精舎《ぎおんしょうじゃ》」があった。祇園精舎（ジェータヴァナ・ビハール）なら日本人は誰でも知っている。サヘート・マヘートは、当時はシュラヴァスティー（舎衛城《しゃえいじょう》）である。ここが当時大きな国であったコーサラ国の首都だった。マガタ国よりもコーサラ国の方が大国だった。この首都に日本人によく知られている祇園精舎があったのだ。ブッダは、どうやら、この2つの都市を毎年のように往復したようである。夏はガンジス河は洪水のようになる。だから南の方の都市であるラージギルは住みにくい。だから北の方のサヘート・マヘートに移っただろう。

ブッダが42歳ぐらいから後のことは仏典（お経）をいろいろ調べてもよく分からない。私はこのことが不可解である。一体、悟りを開いて評判が立って多くの弟子、信者が集まって来た後のブッダは何をしていたのか。80歳で死んだ（涅槃）ときの話は仏典に残っている。どうやら、ブッダの存命中にシャカ族はひどい侵略を受けて、皆殺し（大量殺りく）にされたようなのだ。それもブッダが70歳ぐらいの時の出来事である。ブッダの人生が何が悟り澄まして、平和で落ち着いた人生であったものか。『スッタニパータ』から何となく分かる。

40歳台のブッダは、立ち寄った先の各地のバラモン（これも沙門《しゃもん》、と日本の仏教用語では書く）たちが営むビハールにズカズカと入っていって、ブッダは遠慮なく言ったようだ。「バラモンよ。あなたは、私に当然、ご飯を食べさせるべきだ」。毎回、初めにこう言い切って、各地のビハールに入ってゆく様子が描かれている。このときの、ブッダの堂々たるすがすがしさ、透徹した美しさに、この本物の仏典を読んでいて、私は感動した。他の多くの仏典は、全部、後代に作られたウソ話だとよく分かる。

バラモンたちは、ブッダに向かって怪訝《けげん》そうな顔をして、「おまえのような乞食《こじき》の修行者で横柄な態度の人間に、どうして私が食事をタダで恵んであげなければならないのだ」とブッダに決まって反論する。するとブッダは、一切、悪びれたふうもなく「あなたは、私に当然に食事を振る舞うべきなのだ」と、初めから頭ごなしで説教を始める。この強烈で気高く堅い意志の感じが、ブッダの素晴らしさだと分かる。そしてブッダは、バラモンたちを、その持ち前の精神性の高さで、次々と一人ずつ自分の教え（思想）に帰依《きえ》させてゆく。ブッダ（お釈迦様）はえらいのだ。

「貧困者たちにただで食事を振る舞っていたバラモンたち」という当時の支配者（貴族）階級は、やや偽善者たちであるのだが、それでも、ヒンドゥー教の教えに従って善行を施していた。このバラモンたちの姿は、私たちの現代国家の「福祉行政」と重なり合う。ここに、現代のバラモンたちである官僚（上級公務員）や福祉公務員という、おかしな人間たちが存在する。

若い頃のブッダは、なかなか正覚《しょうがく》（悟り）を開けなくて、ラージギル（舎衛城）の都市から１００㎞ぐらい南に下った、ガヤーという町に行き、その町外れで悟りを開いた。ここがいまブッダガヤーと呼ばれる土地で「八大聖地」の１つだ。ブッダが35歳のときだ。ナイランシャラー川沿いにあるブッダガヤーの菩提樹《ぼだいじゅ》の下で、ガリガリにやせ細るほどの修行をした後に悟った。このときのブッダの悟りが、のちに「四諦八正道《したいはっしょうどう》」という仏教の大教義になっていったとされる。八正道とは、正見《しょうけん》、正思《しょうし》、正語《せいご》、正業《しょうぎょう》、正命《しょうみょう》、正進《しょうじん》、正念《しょうねん》、正定《しょうじょう》である。しかし、これらはウソである。そのことはＰ１５９で解説する。

そのブッダガヤーには、今はマハーボーディー寺院（大菩提寺《だいぼだいじ》）という仏塔がある。この中には、現在はピカピカに輝く仏像が置かれている。こういう金ピカの仏像に少しもありがた味はない。まさしく偶像崇拝だ。それよりもこの仏塔の裏に、大きな菩提樹があって大木がつくる木陰の下の、涼しい風が吹くところの平たい岩の上で、本当のお釈迦様は、悟りを開いたのだろうなあ、と私は分かった。

「無益な苦行を行うことは、どうも無駄なことだ」

「悟りを開いた」というのを一言で言うとどういうことか。私は、仏教の各派の難しい教《きょう》理問答《りもんどう》の類《たぐい》を、すべて疑っている。すべて検証し直すべきだと考えている。それらは本当にブッダ本人の教え（思想）であるのか。ブッダが「悟った」とは何か。どこにもその内容は書かれていない。「悟り」の中身を書けるはずがない。それでもその時のブッダの悟りとは「いくら厳しい苦行などをやってみてもだめだよ」ということだった。そのようにあちこちに書いてある。ヒンドゥー教の教えに従って、魂（霊魂）の不滅を信じて、それで、自分の肉体を過度に痛めつける無益な苦行を行うのは無駄なことだ、とお釈迦さまは気づいたらしい。悟りとは、そういう無駄なことをしてはいけないという思想だ。

ということは、日本の仏教の今の教団、宗派のなかに残っている苦行の類、あれは何なのか、ということになる。あれはどうやら、日本の仏教がお釈迦さまの思想（コトバ）とは無関係に、中国経由で、ヒンドゥー教の教義や神々をどんどん日本にまで輸入して、それで、苦行をする修行法を教団のなかに導入したからだろう。例えば、比叡山延暦寺《ひえいざんえんりやくじ》の天台教学の天密《てんみつ》（真言宗＝高野山だけでなく、天台宗にもある「大日経」の密教の部分）のひとつである「千日回峰行《せんにちかいほうぎょう》」というような数年間も続く最大の荒行《あらぎょう》は、あれは、チベット仏教とヒンドゥー教の影響であって、お釈迦さまの教えとは無縁だ。

20年前の私は、「千日回峰行《せんにちかいほうぎょう》」を達成するような立派なお坊さまは偉いものだ、と素直に思っていた。やがて、そうは思わなくなった。普通の人ができないような苦しい思いをすることで、名僧と呼ばれる者たちが出来上がるが、お釈迦さま（ゴータマ・ブッダ）本人は、「無駄な苦行をするものではない」と言った。そして、そのことを前述したサールナート（鹿野園《ろくやおん》）で再会した4人の修行仲間にとくとくと説いた。このとき、仏教は創始されたのである（紀元前５２８年）。ブッダが35歳のときである。鹿野園というのは、だから、これは「鹿の園」である。私が行った今のサールナートにはもう鹿はいなかった。この鹿が奈良公園の鹿である。あるいは北山鹿苑寺《ろくおんじ》といって金閣寺の名に伝わっている。

ブッダが実際に活動したのは、図にしたとおり八大聖地《はちだいせいち》といわれる場所である。すなわち、①ルンビニー（Lumbini 生誕の地）、②ブッダガヤー（Buddhagaya 成道〈悟り〉の地）、③サールナート（Sarnath 初転法輪《しょてんほうりん》〈初めての説教〉の地）、④ラージギル（Rajgir 布教の地）、⑤サヘート・マヘート（SahethMaheth 祇園精舎のあるブッダ教団の本部の地）、⑥サンカーシャー（Sankasia 昇天の地、この地は訳が分からない）、⑦ヴァイシャリ（Vaishari ブッダ最後の旅の地、ここも分からない）、⑧クーシナーガル（Kushinagar 涅槃〈死〉の地、ブッダが下痢をして死んだ村）である。八大聖地は遺跡となっている。

ブッダの死後250年を経て現れたアショーカ王

仏教の「八大聖地」のうち本当に大事なのは、生身のブッダが修行し多くの説法をしたであろうラージギルとサールナートの2つである。ブッダの誕生の地がルンビニーで、入滅（入寂）の地がクーシナーガルである。他にブッダは訪れていないがストゥーパ（大きな塔・仏舎利塔）だけが建っている聖地サーンチーがあるが、これはブッダが死んだ250年後にアショーカ王が建てた。

アショーカ王（紀元前304～紀元前232）は、ブッダが死んで200年後ぐらいの人で、その頃にブッダの教えの影響力が急激に高まったということになる。マウリヤ朝（帝国）のアショーカ王は戦争が強かった。もっと東の方の今のコルカタ（カルカッタ）という大きな町まで攻め込んで10万人ぐらい人殺しをしてしまった。

アショーカ王は、これに懲《こ》りて慈悲《じひ》の思想に目覚めた。それで仏教徒になったと言われる。それで仏教のパトロン（檀那《ダナー》、施主）となってストゥーパ（仏塔、パゴダとも言う）をあちこちに建てて仏教が栄えた。

仏教はインドでは9世紀までは栄えた。ガンジス川流域の大きな町々でヒンドゥー教を圧倒して仏教が篤《あつ》く信じられた。それでも上流のデリーまでは影響力はなかったようだ。前述したとおり800年代からイスラム教徒がアラビア半島からものすごい勢いで広がってきた。イラン、アフガニスタンを越えて来て、仏塔を破壊し仏僧たちを殺したらしい。

イスラム教は、西暦622年のメディナ遷都《ヒジユラ》のときに、ムハンマド（マホメット）という男を中心に教団が成立した。その後わずか100年ぐらいの間にまたたく間に中東全体を制圧し、続いて9世紀になるとインドにまで広がってきた。イスラム教は、精神性の高さを誇る、目に見えない神であるアラー神を信じる。だから、ピカピカと光り輝いている仏像を偶像崇拝《ぐうぞうすうはい》だといって嫌悪して破壊した。

インドの北西部からパキスタン東部にかけてタール砂漠があって、ここが今のパキスタンとインドとの国境地帯だ。同じ大英インド帝国領だったが、ウルドゥー語を話すパキスタン人たちはイスラム教徒になった。だからガンジーが暗殺される直前の1947年に分裂した。このタール砂漠の地域はラージャスタン（ラジャーという藩主、王が治める土地の意味）と呼ばれる地方だが今は辺境の地《トライバル・エリア》となって廃れている。この砂漠の北の方からペルシャ系のイスラム教の王たちが馬に乗って（即ち遊牧民《ノウマド》として）インドに侵入してきた。デリー・スルタン朝時代と呼ばれる16世紀半ばに、チンギス・ハンの血を引くと自称した人物が王朝をつくった。これがムガール帝国だ。ムガール（Mogul）というのは、モンゴル（Mongol）という意味で、自分たちは、モンゴルの子孫だという考えを持っていた。ところが同時にイラン系のイスラム教徒にもなっていた。インドはペルシャ（イラン高原）から大きく影響を受けているのだ。

モンゴルは、イスラム世界にまで攻め込んでいる。イスラム帝国アッパース朝の中心のバグダッドを奪い取り、1258年に一旦、滅ぼしている。

根元のところで仏教を理解する

このアショーカ王の紀元前3世紀頃に、第3回目の仏典結集《ぶってんけつじゅう》が行われた。口伝《くでん》として伝えられていた釈迦の教えを、書かれた聖典の形にまとめあげていった。これを後に大乗仏教（マハーヤーナ）と言う。この大乗仏教はその後、中央アジアから中国にまで広まった。大乗仏教（マハーヤーナ）とは何か。ここに問題がある。大乗仏教が本当に成立したのは紀元150年であり、その正体は民衆救済を説くキリスト教である。私はこのように断定する。だからブッダ本人の思想としては小乗仏教（ヒナヤーナ）の方がどう考えても正しいようだ。私はどうしてもこの結論になる。大乗仏典はブッダ本人が語ったコトバではない。ブッダ本人の思想とは大きく違っている。ブッダは常に「ただひとり歩め」と言った人だ。私がインド調査旅行で真剣に考えたのは、このことだった。今のインドには仏舎利塔（ストゥーパ）などの遺跡があるだけだ。42歳からのブッダがその後の38年間どういう布教活動をしたのかは、どの仏典にも記述がないので分からない。ただやっぱり竹林《ちくりん》精舎《しょうじゃ》のある、ラージギル（ラージャグリハ、王舎城）のあたりに大抵は居ただろうということがわかる。『ブッダのことば（スッタニパータ）』（中村元訳、岩波文庫）のなかにものすごく重要なことが書いてある。

「池に生《は》える蓮華《れんげ》を、水にもぐって折り取るように、すっかり愛欲を断ってしまった修行者は、この世とかの世とをともに捨て去る」とブッダは語った。「この世とかの世（あの世）のどちらもを捨て去る」とブッダが言ったことがスゴイのだ。つまり、この世（現世）も、あの世（来世）も両方をともに捨て去ることが本当の仏教なのである。これだけが本当のブッダの思想（教え）だ。だから輪廻転生《りんねてんしょう》は無い。この仏典以外はすべて嘘だ。後世の仏僧たちの創作物だ。インチキだ。

それでもブッダは「愛の思想（慈悲《じひ》の思想）」を説いたと言われる。なぜ仏教がアジアの各国に広がるほどの原動力を持ったかは、やはり「民衆への愛」を説いたからだ。ブッダ本人は一切衆生を苦しみから救おうとしたのであるからやはり救済宗教ではある。だがそれでは「愛」とは何か。後述する。仏教は暴力を肯定しない。そして、支配者や権力者の思想を認めない。

仏教（ブッダの教え）は、大きな影響力を東アジアの諸国に持っている。本当の仏教は、「出家者が己れひとりのためにひたすら死に至るまで修行せよ」と言う。「一切衆生《いっさいしゅじょう》を救う」などとは直接ブッダは言っていない。それでも2世紀以降にキリスト教が入り込んで「大乗仏教」となったものだから完全に救済宗教になってしまったのだ。このように考えるしか他に辻褄が合わない。

日本の仏教徒で、自分の家のそれぞれの宗派の祖の、道元や親鸞《しんらん》や空海《くうかい》（弘法大師）たちの教えに従う人々に、私は反対しない。しかしそれらはブッダ本人の教えとは異なっている。私は日本の仏教の各派に異議を唱える。私はブッダ本人が語ったであろう言葉こそを大事にすべきだと思う。それだけが本当に仏教（Buddhism ブッディズム　ブッダの教え）なのだから。

輪廻転生は仏教思想ではない

六道輪廻《りくどうりんね》とか輪廻転生《りんねてんしょう》という思想は、仏教には一切ない。このことは秘密といえば秘密である。が、すでに多くの人に知れ渡り今ではもうバレてしまっている。天台宗や日蓮宗と、西方浄土を拝んで阿弥陀如来の帰依をひたすら唱える親鸞《しんらん》や法然《ほうねん》の系統までが、輪廻の思想を受け入れている。チベット仏教にもある。日本には全部で16個ある仏教宗派に輪廻転生が入り込んでいる。

ブッダは輪廻を絶対に否定している。「死んでしまえばすべて無になる」からだ。ここまで書くと、私は多くの仏教信者に嫌われるだろう。だが私は本当の仏教とは何かを本気で追究する。「無我《むが》」とか「無心《むしん》」という言葉を日本人は勝手に作った。あるいは日本に仏教が入ってくると、「道心《どうしん》」とか言って、すぐに「仏道を修め仏果を求める心」というような「道《みち》を究める思想」にしてしまった。そうではない。仏教そのものは、徹底的に無神論《エイシイズム》であり霊魂の不滅を否定する無の思想である。「すべては無に還る。死んでしまったらもう何も残らない」という思想だ。

だから「何かが救済されたり、みんなで幸せになる」ということを言っている思想ではない。だから、ブッダ本人の言葉であるもの以外のいい加減なことを言うなよと、私は言い続ける。元々の仏教は、決して大衆救済の思想ではない。

でも、「人間を大事にする」という思想ではある。だから、ブッダが死ぬときの最後の言葉がものすごく冴えている。ブッダの最後の言葉はこうだ。**「すべてはうつろう。うつ**

ろうものに執着《しゅうちゃく》すれば苦しみが生じる。されば執着をして去らしめよ。すべてはうつろう。ゆえに私（ブッダ）を頼りにすることなかれ。みずから（自分だけ）を頼りにして生きよ。他者に依存することなかれ。自己の身（のみ）を支えとして生きよ」とブッダは言い放った。これが本当のブッダの最後の言葉である。やはり、これぐらいブッダの思想はすばらしい。

だから、後世に各国で仏教教団を創設した者たちの考えとブッダ本人の思想は違う。違って当然だ、とも言える。それは人それぞれの考えだから、私は、これ以上は言わない。ただし、ブッディスト（仏教徒）という限りは、ただひたすら己れ一個のために修行をするべきである。他者の救済など言うべきではない。のちに大教団を作って、多くの僧侶たちがゴハンを食べるために教団が存立し、そのことが自己目的化したら、もうろくなものではない。

ブッダには十大弟子がいる。彼らは実在の人物たちだ。その1人にシャーリプトラという弟子がいて、いろいろな仏典によく登場する。『般若心経』でも舎利弗《しゃりほつ》と言う。どうやらこのシャーリプトラが自分勝手にブッダの言葉をサンスクリット語で書き始めた最初の人のようだ。ブッダが死ぬまでの25年間、ブッダの付き人をしたアーナンダ（阿難《あなん》）という穏やかで優しい性格をした弟子がいてブッダが80歳で死んだときに横にいた。モッガラーナ（目連《もくれん》）という弟子もいた。彼はブッダ教団の取りまとめの役だったようだ。こういう弟子たちがいたことは事実だ。あとは、ブッダの十大弟子には入っていないが、悪人になった弟子がいて、Ｐ73で前述したデーヴァダッタ（提婆達多）である。デーヴァダッタはブッダの晩年（72歳）に教団を分裂させて新しい教団をつくろうとした。なかなかのワルである。

仏教を教団化した極悪人デーヴァダッタ

ブッダ教団（サンガー、出家者の共同体）の中で最大のワルは、やはりデーヴァダッタ（提婆達多）である。彼は仏典の中に悪役として多く出てくる。

前述したが、デーヴァダッタはマガタ国の王のビンビサーラ王の息子のアジャータシャトル（阿闍世）を唆《そそのか》して、父王ビンビサーラを幽閉して餓死させた。それは、釈迦が亡くなる8年前のことだった。ビンビサーラ王は、釈迦より5歳年下で、深くブッダに帰依していた。彼はブッダに竹林精舎を寄進した。ここから近くにブッダがよく説法をした岩山で、今も有名なグリドラクータ（霊鷲山《りょうじゅせん》）がある。この山上までの石段も、ビンビサーラ王がブッダの説法を拝するために作ったと言われる。ブッダにとってビンビサーラ王は仏教教団の強力な支援者《パトロン》だった。こういうパトロンのことを、仏教用語でダナー（檀那《だんな》）と言い、今の日本の旦那《だんな》さまに通じている。そういうビンビサーラ王を息子のアジャータシャトルに殺させたのがデーヴァダッタだ。

デーヴァダッタはブッダに「五事の戒律」を提案したが受け入れられなかった。「五事の戒律」とは、①出家者は一生涯の間、森林に住み続けよ。村に入ったら罪とする。②一生涯の間、乞食行《ぎょう》をせよ。人の招待を受けたら罪とする。③一生涯の間、ボロ切れを着よ。俗人の衣服を着たら罪とする。④一生涯の間、樹下に坐すべきだ。屋内に住んだら罪とする。⑤一生涯の間、魚肉を食べるな。食べたら罪とする。というとんでもないものだった。ここから厳しい戒律の思想が生まれた。ブッダ教団はよく規律が乱れたようだ。ブッダ自身は「そんなにそこまで厳しいことを言うな」という人だったらしい。

このデーヴァダッタは、イエスの弟子（使徒《アポストル》）でもないのに、ローマに行き使徒を名乗ってのちにカトリック教団を作ったパウロとペテロのような男であったろう。パウロは自分勝手にいろいろなことを書いた。イエス・キリスト本人の言葉とは全然ちがう。ペテロ（ピーター）が初代ローマ法王である。だから、ローマのバチカンのサン・ピエトロ大聖堂はSaint Peter's Cathedral（セイント・ピーターズ・カシドラル）なのだ。ペテロがイエスの精神を大きく裏切ったのと同じように、このデーヴァダッタがブッダの精神を裏切って、ブッダ本人の教えではない大教団をつくっていった。

だから、ブッダが生きていた間でさえ教団《サンガー》は分裂の危機にあり、ブッダは自分のパトロンである王を殺される苦悩があった。この話がP170の悪人正機説につながる。

「すべてはうつろう。ゆえに私（ブッダ）を頼りにするな。みずからを頼りにして生きよ。他者に依存することなかれ。自己を支えとして生きよ」

やはりこれがブッダの言葉だ。これが本当の仏教だ。

第四章

宗教の中心は「救済を求める思想」

「人間は死んだらすべて終わりであり、消滅し、無に帰る」

日本の仏教教団は、大きく分けて16宗派あることになっている。そのうちのどれかの宗派を自分の家が寺の檀家《だんか》となって信じてきたという形に今はなっている。

今の日本人のほとんどは、無宗教である。無宗教、無信仰をノンビリーバー（nonbeliever）と英語では言うべきである。これを大仰にエイシイスト（atheist）無神論者と言うと、欧米世界では大変なことになる。atheist（エイシイスト）は、「神《ゴッド》を否定する者」であるから、破壊活動家か何かと勘違いされる。穏やかにはノンビリーバーと言えばよい。私も無宗教である。だから自分の先祖の墓参りのときと、葬式のとき以外は「お寺さん」には行かないし縁もない。

この「ご縁」即ち「縁起《えんぎ》」という言葉が仏教の重要な用語の1つだ。この縁、縁起は「十二縁起《じゅうにえんぎ》」と言って、理論になっている。これが「輪廻転生《りんねてんしょう》」や、「四諦八正道《したいはっしょうどう》」、「生老病死《せいろうびょうし》などの四苦八苦《しくはっく》」の教え（教義）であり今の私たちにも何となく伝わっている。これらについてはP159で説明する。しかし、今の私たちの大半は、もうこんなものは信じていない。日本の仏教は、廃《すた》れ果てて、どの大きな宗派も今では、ただの葬式仏教集団だ。

　日本で一番大きな宗派は、浄土真宗（本願寺派）で、親鸞《しんらん》（1173〜1262）上人《しょうにん》の教えである。その次に大きな勢力は、おそらく日蓮宗の信者たちであろう。日蓮正宗の信徒の「法華講《ほっけこう》」の1つだったものが創価学会である。池田大作氏がかつてはこの法華講全体の「講頭《こうとう》」であった。それから、禅宗の二大流派である臨済宗と曹洞宗がある。これらよりもっと古い9世紀からの二大宗教が、高野山の真言宗《しんごんしゅう》で、これを空海《くうかい》上人（774〜835　弘法大師）が開いた。もう1つは、京都の北にある大きな山である比叡山の延暦寺の天台宗《てんだいしゅう》でこっちは最澄《さいちょう》（767〜822　伝教《でんぎょう》大師）が開いた。更にこれらより200年古い奈良時代の奈良の東大寺、興福寺（なぜかそのすぐ隣に春日大社《かすがたいしゃ》がある。ここは奈良公園の中で両者の敷地の区別はつかない）、そして法隆寺などがある。これらは何宗かと言うと、なかなか難しい。宗派が地層のようになって時代と共に変化している。

　西暦538年に、日本に仏教が伝来した。百済《くだら》の聖明王《せいめいおう》から仏典が大和朝廷に贈呈されたとされる。この時に伝来した経典の名前から「南都六宗《なんとろくしゅう》」の6つの宗派が伝わったとされる。三論宗《さんろんしゅう》、成実宗《じょうじつしゅう》、法相宗《ほっそうしゅう》、倶舎宗《くしゃしゅう》、華厳宗《けごんしゅう》、律宗《りつしゅう》の6つである。これらがそれぞれどんな宗派（＝経典）であるか、私には分からないし、分かる気もない。6番目の律宗は戒律ばかりをやたらと研究し、重視する宗派らしい。ただし、この南都六宗のうちで、

3番目の**法相宗**は、ものすごく重要である。

この法相宗の重要性については、P145で説明する。法相宗の本髄を一行で言っておく。それは「人間は死んだらすべて終わりであり、消滅し、無に帰る（すなわち、輪廻転生はない）」というものだ。実は、私は強いて言えば、この法相宗を信じている。私はこの理解に20年ぐらい前に到達した。三島由紀夫もこの法相宗の立場を取ったからだ。それが彼の遺作である『豊饒《ほうじょう》の海《うみ》（4巻）』（1970年に完、新潮社）を貫く思想だからだ。そのことを私の先生である小室直樹先生から教えられた。徹底的に簡略に言えば、この「死ねば死にきりである」という思想は、実は、唯物論（マテリアリズム、物質主義）である。そして霊魂の存在を認めない。人間は死んだらすべてお終《しま》いだ、後には何も残らない、無に帰る。この考えは、例のあの般若心経の「色即是空《しきそくぜくう》、空即是色《くうそくぜしき》」の「空《くう》」（の思想）である。そしてそれでは「空」は「無《む》」とどう違うかなどの対立点となっている。一言で私の考えを書く。「空は無である」。

龍樹がつくった大乗仏教

龍樹（ナーガルジュナ、西暦150～250の100年間生きたとされる）という男がいた。この龍樹が極めてクセ者である。ブッダの死後600年に現れて、仏教思想の集大成者であるようだ。しかし彼は異教徒でバラモンの出である。龍樹菩薩《りゅうじゅぼさつ》とまでは呼ばれるが、それ以上の人ではない。不思議な人物である。この龍樹が「空」や「中観《ちゅうがん》」の思想を作ったとされる。主要著作は『大智度論《だいちどろん》』と「摩訶般若波羅蜜経《まかはんにゃはらみつきょう》」である。このことがどうやら「大乗仏教の成立」そのものである。だから龍樹《ナーガルジュナ》という仏教研究者が生きた、まさしく西暦150年が極めて重要だと私は判断するに至った。全ては西暦150年に起きているのだ。私は、P35で説明した大乗非仏論《ひぶつ》の立場を支持する。大乗仏教は仏教ではない、とする明治、大正時代の批判だ。

そもそものお釈迦さまの教えは、どこへ行ってしまったのか。私たち日本人が、一応であれ、嘘八百であれ、形だけであれ総じて仏教徒であるというのなら、そのことが持つ長い歴史の真実を暴《あば》き立てなければ、私は気が済まない。こんな乱暴な暴き本を誰が一体、買って読んでそして支持してくれるだろうか。このことで私は悩み苦しんだ。

やはり日本の仏教学者で、13年前まで生きていた中村元《なかむらはじめ》（1912～1999　東大名誉教授・印度哲学・仏教学者）の細かい調査と解説が一番正直である。今の私たちに本当のことを教えてくれている仏教学者だ。とりわけ中村元訳の『ブッダのことば（スッタニパータ）』（岩波文庫、1958年初版）が本当のことを書いている。この本だけが、真実のお釈迦さまの言葉だ。もう1冊『ブッダの真理のことば・感興のことば（ダンマパーダ、ダルマのことば）』（岩波文庫、1978年）がある。これは『法句経《ほうくきょう》』という仏典として、その一部が日本にまで中国（語）経由で伝わっている。この『真理のことば』もブッダ本人のコトバ（言行録）であるようだ。しかし、私は先のスッタニパータだけでいいと思う。スッタニパータがすなわち、前述した法相宗《ほっそうしゅう》の教えだ。「人間は死ねばすべて終わりだ」という考えである。だから、仏教の修行《しゅぎょう》とは、どのようにひとりできちんと死んで終わって行くか、である。この法相宗をめぐる激しい宗派間の闘いが実は1000年間にわたる日本の宗教争いの中心である。

奈良の東大寺や興福寺、そして三井寺《みいでら》（園城寺《おんじょうじ》）こそは、法相宗（「死ねば終わり」）の宗派である。これと激しく対立したのが、比叡山延暦寺の天台宗なのである。両派は互いに何百人もの僧兵（修行学生）を繰り出して、激しく宗派論争を行い、ぶつかり合った。互いの寺まで押しかけていって、焼き討ち合戦までした。これを実に600年（950〜1571年まで）も続けたのである。両派の僧兵は京都にまで御輿《みこし》（御神輿《ごしんこう》）を担いでやってきて、ぶつかり合った。現代の過激派学生運動のゲバルト部隊の衝突と殴り合いのようなものである。それに困り果てたのが天皇（朝廷）で、だから900年代から「侍《さむらい》」という武士団をガードマン（警護役）として雇うようになったのだ。これを「北面《ほくめん》の武士」

という。これが平氏と源氏の始まりである。

これらの法相宗をめぐる大きな日本史の秘密については、拙著『時代を見通す力　歴史に学ぶ知恵』（ＰＨＰ研究所、２００８年刊）に書いたので読んでください。

私は一介の評論家であるから、仏教学者や学識僧侶たちと仏教（ブッディズム）とは何かをめぐって、あれこれの字句や専門用語のことで、要らぬケンカ（論争）などする気はない。やってもいいがどうせ相手にされない。日本に１５００年も前からある仏教の言葉をめぐって、それぞれの知識人が言いたい放題を言ったに決まっている。私も言う。そして、ズバリと大きな本当のことを暴き立てて、読者に伝える気である。今の私には5万人から10万人の読者がいる。彼らに向かって、本当のことを書く。私がこれまで書いて出版してきたことに真実がある、と分かってくださる人たちなら、分かってくれるだろう。反対して嫌がる人たちも当然いる。それはそれで構わない。世の中は人それぞれだ。このことを指して、親鸞上人は「面々《めんめん》の御《おん》はからい」と言った。来年は私も還暦（60歳）である。もうあんまりあれこれ、この世の中に遠慮したり、表現上の自己規制をしたりする気がなくなった。私にはようやく読者がついたから、このような「そもそも仏教というのは何なのか」という今どき、流行《はや》りそうもない本を書ける。これは私の歴史研究の中の１冊である。私の人生の終盤での大きな結論のひとつである。

最近、日本では軽めの新書で「葬式はいらない」「戒名はいらない」「お墓もいらない」「宗教団体への課税の必要」などの本が、出版されて小さな関心を呼んでいる。こんな大不況（世界恐慌の一部である）の最中に、何百万円もかけて葬式やら、墓作りなどしている余裕はもう私たちになくなった。樹木葬《じゅもくそう》（自然葬、散骨《さんこつ》の自由）も評判になっている。もうお寺（お坊さま）など、ちっともありがたくない。そういう時代になっている。私も、大きくはこの方向でいいと考える。実はすでに江戸時代も中期（１７００年代）になると、仏教と僧侶たちは、民衆からものすごく嫌われ出していたのである。僧侶たちは今の官僚（上級公務員）たちのように嫌われたのである。だから江戸末期、幕末になると、国学《こくがく》や神道が隆盛したのだ。意味不明のお経なるもの（その説明もしてくれない）を一日に何時間も聞かされた日本民衆は遂に仏教に対して怒り出した。だから18世紀からは国学と神道の方が、知識層にも強く受け入れられていったのだ。民衆はお経のことをアホダラ経と雑言《ぞうごん》した。本当である。このことについても拙著『時代を見通す力　歴史に学ぶ知恵』（ＰＨＰ研究所、２００８年刊）を読んでください。これが日本における思想の移り変わりだ。

救済を求める思想

私は、仏教の全体像を自分なりに描き出す。こんな人気のないことを今どきやろうとするので、大変だ。それでも始めてしまったから何とか1冊にする。私が精魂こめて書くのだから、読んで損はさせません。ここには仏教をめぐる多くの秘密が明かされている。そのように自負する。

再度、当たり前のことを書く。当たり前のことが一番大事なのだ。私たちは、お経の文句としては、「南無阿弥陀仏《なむあみだぶつ》」を知っている。日本人なら誰でも知っているというべきだ。「ナンマンダー」である。今の若者でも、耳で聞いて知っているはずだ。このお経（呪文）は、まさしく念仏であり、阿弥陀如来《あみだにょらい》を崇拝している。繰り返すが、阿弥陀さまとは一体、何者なのか？　この時、仏陀《ブッダ》はどこへ行った？

もう一つのお経は、「南無妙法蓮華経《なむみょうほうれんげきょう》」である。「南無」は、「あなたさまに帰依しますー（ひたすら信じます）」という意味である。その次の「妙法蓮華経」を短く縮めたものが、「法華経（ほっけきょう）」である。それでは、この「妙法蓮華《みょうほうれんげ》」とは何か。蓮華、すなわちレンゲの花、蓮（はす）の花であることは、誰でも分かる。池の水面に浮かぶ蓮華の花が、何がそんなにすごいのだ。かつては日蓮正宗の平信徒《レイマン》たちの団体であった日本最大の宗教団体である創価学会の人たちも、ひたすらこの「ナム・ミョウホウ・レンゲ・キョウ」を唱える。「お題目」と言うようだ。先ほどの「南無阿弥陀仏」が念仏あるいは唱《しょう》名《みょう》であるのと、どう違うか。こういうくだらないことは、私は各宗派のそれぞれの自分勝手な呼び名であるから一切、尊重しない。

「妙法蓮華経」という名前は、「サッダルマ・プンダリーカ・スートラ（saddharma puNDariika-suutra）」「正しい教えの白い蓮」という意味のサンスクリット語の原典の経典の中国語訳である。このように中国文（漢文）に訳したのは鳩摩羅什《くまらじゅう》（クマーラジーヴァ）である。前述したが鳩摩羅什は4世紀の西域仏僧である。この他に極めて重要な訳経僧《やくきょうそう》が、西暦645年に長安（今の西安）まで17年間の大旅行の末に、帰ってきた玄奘三蔵《げんじょうさんぞう》である。彼の翻訳したものもある。はじめは「正法《しょうほう》蓮華経」だった。もっとスゴイということで、それが「妙法」になった。正法の「法（ダルマ）」とは、仏教における「真理」のことである。

だから、妙「法」蓮「華経」が、「法華教」なのだから、これなら皆、知っている。今回、私は、この本を書くために自分が30年前に買った岩波文庫の『法華経』の3冊を読み返した。何が何だか、よく分からなかった。分厚いだけで何がそんなにありがたいのか、今も分からない。この法華経（サンスクリット語でサッダルマ・プンダリーカ・スートラsaddharma puNDariika-suutra）が長年、仏教経典の中で一番権威があって、難しいということになっている。「大蔵経《だいぞうきょう》」という百科全書のように、すべての仏典をまとめたものがある。アリガタイ、アリガタイで何でもかんでも仏典ということにして、まとめあげたものだ。政府間のご贈答品として、この「大蔵経　全100巻」が日本政府に贈られてきたりした。その中でも法華経が、日本では一番、仏典としてありがたがられた。これに比べれば、先ほどの浄土宗の経典である『浄土三部経』（岩波文庫、1990年）の方は、ずっと分かりやすい。どちらの仏典も大きくは「民衆の救済」を説いている。一切衆生《いっさいしゅじょう》をこの世の苦しみから救い出して、あの世（極楽、浄土、補陀落《ふだらく》）に成仏《じょうぶつ》できるとしている。

成仏とは、死ぬことである。ただそれだけのことである。天国（浄土）が有るか無いか、そんなものは分からないというのが今の私たちである。有るなら有るで、構わない。非常に分かりやすい人間思想である。極楽や天国を否定してみても、何にもならない。何かを信じることによってしか人間は生きていけない。私の飼っている動物たちは何も信じていないようだから、ずっと人間より頭がいいと私は思う。動物には、王さま（権力者）もスポーツ選手も芸能人も税金取り（公務員）も売春婦も暴力団もいない。動物の方がずっと賢いと私は本気で思うようになって10年が経つ。私はもう人間が嫌いだ。スタジアムやホールに何万人も集まって、ワイワイみんなで盛り上がるなどというバカなことを動物はしない。私は人間とは碌《ろく》でもない生き物だと思う。妙な共同幻想と観念に取り憑かれた、残酷で愚かな生き物だ。自分たちでいじめ合い、殺し合いばかりして、悪賢さの競争ばかりしている。本当に馬鹿な生物だ。

妙法蓮華経の第2番目（第2章のこと）を「方便品第二《ほうべんぼん》」と言う。この方便品を岩波文庫では「巧妙な手段」と訳している。方便とは巧妙な手段と言うよりも、「分かりやすい喩《たと》えで仏教の教えを説く」という意味だ。日蓮宗（および日蓮正宗）の信者たちは、この「妙法蓮華経方便品第二」を毎日唱えているようだ。そして、この法華経の第25章である「普門品第二十五《ふもんぼんだいにじゅうご》」のことを「観音経《かんのんきょう》」という。この観音経は日蓮宗だけでなく、他の宗派でも自分たちの大事な経典（キャノン canon）とされている。だから法華経は、観音さまを讃えて拝んでいる宗教だということが分かる。

事実、比叡山延暦寺の天台宗が大事にする経典の中でも、法華経が最高の経典ということになっている。だから天台法華と言う。天台宗はこの他に「涅槃経《ねはんきょう》」と「大品経《だいほんきょう》」と「大智度論《だいちどろん》」を経典とする。比叡山延暦寺というのは、現在でいえば、東京大学のようなもので何千人もの僧侶（修行僧）がいたようだ。何百もの僧房があった。「天台法華宗」と言われるぐらいだから、ここはやっぱり観世音菩薩（観音さま）を崇拝していたのである。法華経の中には、観世音菩薩（サンスクリット語の名でアバローキャーティーシュヴァラー）を崇拝する箇所が当然のことながらものすごくたくさん出てくる。

浄土宗の方が阿弥陀さまを「弥陀《みだ》の本願《ほんがん》」と言って崇拝するのに対して、天台宗や日蓮宗の系統は、古い奈良仏教も含めて、観音さまを拝み、崇拝する。

拝んで一体、何になるのか。ひたすら救い（救済、サルベーション）を求めているのである。人間にできることは、古代からずっと神にすがりついて、救済を求めることだけだった。この一点への理解がものすごく大事である。私は宗教学者ではないが、宗教とは何かについて、ずっと考えてきた。やはり、中心にあるのは、「救済を求める思想」である。この点では、キリスト教も同じである。それに対して世界四大宗教のイスラム教と、ユダヤ教が救済宗教であるかは、まだ調べていないので分からない。仏教はものすごくキリスト教に似ている。この一点をこの本すべてで説明するつもりである。どうも、仏教は「自分たちをこの世の穢らしさと苦労から逃れ出させて助けてください」という思想である。この点で、キリスト教の「神（天）からの愛（アガペー、グレイス、恩寵《おんちょう》）」と極めてよく似ている。これを慈悲《じひ》とか、慈愛《じあい》と訳すと私たちにもすぐに分かる。「神（天）に救いを求める」という態度や姿勢のことを、簡単に言えば、これを宗教といい、信仰というのであろう。だから、日本にまでやって来た阿弥陀経（浄土宗）も観音経（天台宗）も、西暦2世紀頃の古いキリスト教そのものである。両者が混ざった、もなにもない。そのものだ。このことを私は証明するために、この本を書いている。

浄土宗が中国で、どのように始まったかを私は調べていた。そうしたらどうも、法華経＝観音経の系列の方も、どうやら「助けてくれ、助けてくれ」の救済（を求める）宗教であることが分かった。では、この観世音菩薩（観音さま）すなわちアバローキャーティーシュヴァラーとは、何者か。①阿弥陀さまも②観音さまも③弥勒菩薩も、3人とも明らかに女の神様である。そしてその正体は、イエス・キリストの奥さまであったマグダレーナ・マリア（母親ではない奥さまのマリアさま）その人である。このように断言する。そして、私自身の40年間の疑念と苦労の末にたどりついた考えは、観音さまの方も、同じくマリアさまであろう。

救済を求めない自力の禅宗

ここで念のため。救済を求めることだけが宗教ではないことを書いておく。実は救済《サルベーション》など求めない仏教の大きな宗派（勢力）があるのである。それは日本にも来ている。救済すなわち、神や仏にすがりつく「他力本願《たりきほんがん》」ではなく、自分の力、能力だけを頼りに自力で生きていく方が正しいと、言い出した仏教宗派がある。それは、インドの瑜伽行派《ゆがぎょうは》（ヨガの行）の影響を受けたもので、中国で6世紀にできた「禅宗」なるものである。達磨《だるま》大師《たいし》（西暦536年に悟り、開眼《かいがん》）という黒い肌の人すなわち、インドからやって来た仏僧がもたらしたとされる。達磨は9年間、石の壁に向かって座禅して悟ったとされる。この禅宗が日本にまで鎌倉時代（13世紀）に伝わって、臨済宗《りんざいしゅう》と曹洞宗《そうとうしゅう》の二派となった。

禅宗とは、何か。これを一行で言いきろう。禅宗とは「神も仏も信じない。自分を救うのは自分だけである」という思想である。すなわち大衆の救済など求めない、ということだ。だから、同じ仏教（思想）の流れにありながら、とんでもないことに、「現世での救済など要らない」と主張し、ただひたすら座禅（止観《しかん》とも言う）という瞑想《めいそう》だけを修行とする宗派である。この他に「公案《こうあん》」という名の教理の問答《もんどう》（カテキズム）をする。激しい議論だけをする。この禅宗の勢力は中国で6世紀に興ったのである。そして日本にも伝わった。このことを、日本の知識人が誰も書かない。だから、みんなが仏教とは大きくは何なのかが、全く分からないのだ。はじめは、ひたすら「仏さま」にすがりついていたのだが、そのうち「救済などないのだ。この世は、あるがままだ」と言い出した禅宗の坊主たちが出現したのである。これを指して、小乗仏教（ヒナーヤーナ）への先祖返りと考えることもできる。

そうすると、自分たち大乗仏教の方が優れていると考え、西暦2世紀以来ずっと「小乗」と貶《けな》して、小乗（南伝上座部《なんでんじょうざぶ》）をバカにしてきた大乗系の宗派たちは、困ったことになった。だからP34で書いた通り、明治大正になってから、海外渡航ができるようになったので、禅宗の僧侶たちが本当のお釈迦さま（ゴータマ・ブッダ）の教えは何だったのか、を自分でインドにまで行って調べてきた。釈雲照《しやくうんしょう》、高楠順次郎《たかくすじゅんじろう》、釈興然《しやくこうぜん》、多田等《ただとう》観《かん》、青木文教《あおきぶんきょう》ら、近代僧侶たちである。だから「救済などない。出家者は自分の修行のことしか考えない」という思想が禅宗である。これは日本でも武士階級の上層と貴族階級に受け入れられ、13世紀から京都を中心に信者を増やした。

京都にある大徳寺や龍安寺や天龍寺などの「門跡《もんせき》寺院」の、立派な寺のほとんどは禅宗（しかも臨済宗）だ。金閣寺や銀閣寺（現在は相国寺《しようこくじ》派に属す）も禅宗系だ。禅寺の坊主（和《お》尚《しよう》さん）と言えば、なかなか枯れ果てて達観した人生観の人々であることになっている。観光客から拝観料をたくさん取っても構わない、といういかにも禅宗の生臭《なまぐさ》坊主の伝統である。思想家の吉本隆明《よしもとたかあき》がかつて書いていたが、「禅宗の坊主というのは、オイ、そこの修学旅行の中学生、私の寺の庭園の苔《こけ》を踏むな、と叱るような人たち」だ。「ノウマクサンダー・バサラダン……」の真言《しんごん》（真理の言葉）の「ノウマクサ」から「生臭さ」が生まれたのである。禅宗の教理については、第五章でさらに書く。

お坊様たちが勝手に自分たちだけで偉ぶって、3時間も5時間もお経を唱える。かつ、そのお経（中国語の文）の中味を全く解説してくれない。こういうことをやって３００年も経つと江戸時代になってから、さすがに人々は怒りだした。町人や商人の中の頭のいい人たちが、くずれ漢文（中国文を日本の知識人層が自分たちなりに使えるようにして書いた文）を読めるようになった。だから仏教の秘密がバレ始めた。そして、激しい仏教批判をするようになった。ここから、国学と神道へのブームが起きたのである。

ついでに書いておくが、日本の神道なるものは、古来の修験道《しゅげんどう》（山伏《やまぶし》の行）以外は、すべて中国からやって来た道教（タオイズム）である。日本の神道の原型は道教である。私は日本古来のもの、としては修験道（御師《おし》たちの行《ぎょう》）を深く尊重している。いわゆる古神《こしん》道《とう》なども尊重に値しない。右翼たちが根拠もなく古神道なるものをもちあげている。私は、すべての宗教思想の裏側をすべて暴きつくす。一切の遠慮はしない。かつ、ひとりよがりに陥って自分勝手な考えも作らない。事実と証拠をかき集めて理論として組み立てる。ただひたすら大きな真実を暴き立てるだけだ。

第五章

救済思想の否定として生まれた禅宗

中国人仏僧が、さまざまな仏教の宗派を生みだした

ひたすら阿弥陀（アミターユース）を拝む浄土宗（浄土教）は、慧遠《えおん》（334～416）という僧によって西暦384年に廬山《ろざん》（江西省）で成立した。インド伝来の仏教とは無関係に、勝手に浄土教（白蓮社《びゃくれんしゃ》）を成立させたのである。北アフガニスタン（ガンダーラ）で西暦150年ごろ（2世紀）に成立した経典である「阿弥陀経」を聖典とする。この宗派が後に日本にも伝わった。

その後、浄土宗は曇鸞《どんらん》が、太原《たいげん》（山西省）の都市から60kmのところにある玄中寺《げんちゅうじ》を建立して宗派として栄えた。ここが日本浄土宗にとっても生まれ故郷（祖庭《そてい》と呼ばれる）となっている。今は多くの日本人僧侶、信者がこの玄中寺を訪れるようになっている。ここで5世紀の北魏《ほくぎ》帝国（3世紀の三国志の魏《ぎ》の帝国とは違う）の時代（472年）に、浄土宗は正式には曇鸞によって創始されたことになっている。曇鸞のあと、道綽《どうしゃく》、善導《ぜんどう》などの浄土教の有名な中国人仏僧が輩出した。

そして、この玄中寺で大きくなった浄土宗が法然《ほうねん》、親鸞《しんらん》たちによって13世紀（1200年代）に日本でも大流行した。と、言われてもなぁ。フランチャイズ（支店網）じゃない

か。これに末法《まっぽう》思想と言われるものが加わって増幅する。当時の日本には地震と水害（台風）と飢饉《ききん》が続いていた。さらには海外からの侵略の不安（元寇《げんこう》の予兆）があった。人々は恐怖に打ち震えていた。貴族、武士たちも怯《おび》えていた。次の大地震に怯える今の日本人そのものだ。東日本大震災があった２０１１年は寒い冬となった。それから、長雨などのひどい天候が続いた。現在は農業生産に多く依存しないから私たちは飢えることはない。しかし、当時は農業（農産物）に頼っていたから本当に飢饉《ききん》が起きて餓死者（飢え死にする者）がたくさん出た。疫病も流行り多くの人が流浪した。今の日本は高度に工業が発達しているので、そういうことは起きない。が、今の日本人の気持ちもひどく不安であり、沈滞している。まるで13世紀の末法思想あるいは「この世界の終わりが近い」の終末論（eschatology エスカトロジー）の流行と同じだ。経済の高度成長とバブル経済の熱気は、日本にはこの20年間起きなかった。

１２３０～１２３１年に、寛喜《かんき》の飢饉《ききん》があり、貴族、武士たちだけでなく民衆も「末法の世」に畏《おそ》れおののいていた。だから浄土宗が大いに信じられた。内憂外患《ないゆうがいかん》の「外患」であった毛蒙《モンゴル》（元）の襲来（１２７４年と１２８１年の２回）は、日蓮宗（法華宗の１つ）を作った日蓮上人（１２２２～１２８２）によって予言され、彼は何度も警告する文書を幕府に差し出した。幕府は聞き入れなかったが大きな衝撃ではあった。日蓮の評判はいやが上にも高まった。

中国で浄土宗が西暦472年に創始された、と言っても、前述したとおり、その正体はキリスト教（マリア崇拝）である。「ただひたすら神の名を唱えよ」とするキリストの教えの「アーメン」と同じものとしての「南無（ひたすら帰依します）阿弥陀仏（アミダブツ）さまに」である。これに対してP105で書いたが、中国で禅宗が生まれたのは達磨《だるま》大師が伝えた西暦536年だ。浄土宗よりも、わずか160年ぐらい後である。それでも浄土宗と禅宗が日本で大流行したのは、どちらも13世紀の鎌倉・室町時代からである。「鎌倉新仏教」の時代である。初伝したのはどちらも奈良時代（700年代）だろう。

しかし、21世紀の現在では、もう浄土を欣求《ごんぐ》する思想は何も残っていないのではないか。やがてやって来る自分の死を見つめるためにひたすら浄土宗の仏教寺院はあるのだろう。現世にはもう救済（サルベーション）はない。第2次大戦後（1945年から）の先進諸国（欧、米、日）は社会福祉（ソシアル・ウェルフェア）というのをやり過ぎた。だから、やたらと老人が長生きするようになった。自分で動けなくなった老人たちは、水だけを与えて、さっさと死なせるべきだ。私は20年前からこういう突き放した書き方をしてきた。誰にも見向きもされなかった。昔は、人々が本気で追い求めたであろう救済が今はもう無い。無いものは無い。夢や救いや希望や未来への期待がないと人間は生きてゆけない、とよく言われるから、私もそれには反対しない。私だって別段、ひたすら絶望するために生きているわけではない。

しかし、もうかつては存在した仏教（ブッダの教えとコトバ）が持ったであろう切実で大切なコトバが今はもうない。「弥陀の本願」をひたすら求めて阿弥陀さまにすがりついたであろう浄土宗の何百万人の多くの信者たち（浄土門）の本気さだけが、歴史上の過去の事実としてある。一向宗《いっこうしゅう》の一揆《いっき》の激しさである。それを追慕して敬《うやま》うことは人の道としてしなければいけない。

日本では比叡山を本拠とする天台宗の創始者は中国の智顗《ちぎ》とされる。が、智顗の他に初祖が北斉《ほくせい》の慧文《えもん》（６世紀）である。第二祖は慧思《えし》（５１５〜５７７）であり、この慧思の弟子が智顗である。慧文は、何と同時に禅宗の僧侶でもあったという。これは注意すべきことだ。そうするときっと、天台宗の中にもともと禅宗の考えが入っているということである。そう考えなければ辻褄が合わない。日本の比叡山延暦寺を創った最澄は智顗《ちぎ》の教えを継いだと、必ず日本の仏教の本に書いてある（権威付けだ）ものだから智顗《ちぎ》の名前だけは割と知られている。比叡山が法華経（妙法蓮華経）だけを最高の聖典だとして何百年も読経し続けたとは思えない。きっと、他のいろいろの宗派（の考え）の経典が天台宗の中に混じり込んでいる。そうに決まっている。今では禅宗でも大事にしている観音経とは、それは法華経（妙法蓮華経）の中の観世音菩薩普門品《かんぜおんぼさつふもんぼん》25品目（第25章）のことである。このことは前述した。

「何ものも信じない」禅の思想

日本に伝わった禅宗の発祥の寺は、洛陽《らくよう》にある少林寺《しょうりんじ》（嵩山少林寺《すうざんしょうりんじ》）である。えっ？　少林寺が禅宗の大本山なのかと驚くだろう。そうなのである。少林寺と聞くと日本人はすぐに少林寺拳法を思いつく。この少林寺拳法が、後に台湾・沖縄経由で日本に伝わり古武《こぶ》道《どう》や拳法《けんぽう》そして空手《からて》（＝唐手）となったのである。この事実も案外、軽視されている。台湾では「寺」を取って少林拳法と言うらしい。その少林寺は、中国の古くからの都である洛陽《らくよう》にある。西安（長安）を真東の方に400キロのところである。正確には洛陽市よりも隣の鄭州《ていしゅう》市《し》にある。ここが今は河南省の省都である。河南省こそは、漢民族（Han race《ハン・レイス》）の故郷だ、とされる。だからこの洛陽の近くに、今の北京からやがて首都（政治都市機能）を移す計画がある。この少林寺にダルマさまがインドからやって来たのである。インド人の達磨大師は、「菩提薩多（ボーディサットバ）・ダルマ」である。肌は浅黒く髭を生やしていた。

達磨大師は西暦527年にインドからこの少林寺にやって来た。そして、裏山の洞窟の石の壁に向かって（面壁《めんぺき》）9年間座禅（＝止観とも言う）をした。そして悟りを開いた。これを禅宗では「開眼《かいげん》」と言う。きっと深い眠りから醒めて眼を開いたのだろう。このときが、禅宗という中国で生まれた仏教の始まり（発祥）である。だから禅宗の創始は536年ということになる。そして禅宗にはインド伝来の経典とかはない。ないものはない。だから、どの仏典（お経）を拝んだらいいのか、で禅宗の坊主たちは長く困ったようである。

今もこの河南省（黄河のそば）の少林寺の周辺には、寄宿舎制で少年たちに拳法や武術を教える学校がたくさんある。私はテレビ番組で、この少林寺の武術学校の1つの庭で何百人もの少年が並んで身体強練として厳しい拳法を学んでいる姿を見たことがある。

この少林寺の少林拳《しょうりんけん》は、唐《とう》帝国をつくった太宗《たいそう》李《り》世民《せいみん》（599〜649）の天下統一を支援した宗教ネットワークである。李世民の帝国建設＝諸国の王たちの平定と従属を、この武僧（武装した僧侶）たちが助けたことから有名になった。このように禅宗は生まれたときは、武術、体術と縁が深いのである。残忍な〝赤い皇帝〟であった毛沢東が1966年から始めた文化大革命では、何百人もの少林寺の僧が、襲撃してきた人民解放軍に拳法で立ち向って、機関銃で皆殺しにされたという。

この達磨大師から数えて200年後ぐらいに、日本にも黄檗宗《おうばくしゅう》として後に隠元禅師《いんげんぜんじ》（1592〜1673）が伝えた黄檗（〜850）という高僧がいた。日本に黄檗宗を伝えたのは、私たちにインゲン豆として名が伝わっている隠元禅師である。隠元は、江戸初期の1654年に日本（まず長崎）に政治亡命してきている。これを4代将軍家綱《いえつな》が丁重にもてなしている。隠元は京都の宇治に、日本で最後の16番目の仏教となる黄檗宗の萬福寺《まんぷくじ》を建ててもらい開いた。

この黄檗先生から直接習ったのが臨済《りんざい》である。臨済禅師（〜867）こそは、『臨済録《ろく》』という、今は岩波文庫に入っている言行録の本人である。日本最大の禅宗である臨済宗の開祖である。この臨済が、一体、どういう人物であり、どういう思想を説いたか。そして、禅宗とは、そもそもどういう思想であるか。私は以下に、極めて断言的に明確に説明する。

禅宗とは「神も仏も信じない。この世に救済はない。だから、己ひとり、自分自身だけのために修行（研鑽）をせよ。他者を助けることなどできない。だからするな」という思想である。本当に禅宗とはこういう思想なのである。私は30年間考え続けて、この解明に至りついた。一切衆生（すべての人々）の救済を目標とする浄土宗（阿弥陀経、マリア信仰）や観音経（天台宗、日蓮宗、これもマリア信仰）などとは根本から違うのだ。違うと言うよりも、それに異議を唱え反対するために生まれた思想である。禅宗とは一言で、他人の救済の否定である。私は、このように断定して一歩も退かない。私は、この禅宗の思想は極めて突き詰めた〝大人の思想〟であると思う。人生と、人世とは、「結局、他者を救うことなどできない」と悟ることだ。禅宗運動は、救済思想の否定として生まれたのである。この思想が本当の現実主義《リアリズム》である。私はこのように読み破ったので厳しく断定する。

『臨済録』の真髄

以下に、当然に臨済宗の聖典である『臨済録』の中から、その真髄と思われる箇所を摘出（引用）して、それに日本語訳文を載せる。さらに、それを私なりに解説する。これこそは禅宗である。

『臨済録』岩波文庫　１９３５年刊　Ｐ31～32

……我二十年、在黄檗《おうばく》先師處、三度問佛法的的大意、三度蒙他賜杖。如蒿枝拂著相似。如今更思得一頓棒喫。誰人爲我行得。時、有出衆云、某甲行得。師拈棒與他。其擬接。師便打。

（漢文の読み下し文）

……我れ二十年黄檗先師の処に在って、三度、仏法的的《ぶっぽうてきてき》の大意を問うて、三度他の杖《じょう》を賜《たま》うことを蒙《こう》むる。蒿枝《こうし》の払著《ほっじゃく》するが如くに相似《あいに》たり。如今《いま》、更に一頓《いっとん》の棒を得て喫《きっ》せんことを思う。誰人《たれびと》か我が為に行《ぎょう》じ得ん。時に、僧有り、衆《しゅ》を出で云《のたまわ》く、某《それがし》甲行じ得ん。師、棒を拈《ねん》じて他に与《あた》う。其の僧接《せっ》せんと擬《ぎ》す。師、便《すなわ》ち打つ。

（分かりやすい日本文に訳す）

……わたし臨済は、二十年前、黄檗先生の処で三度《みたび》仏法のぎりぎりの肝要（解明）のところを問うて、黄檗先生から三度《みたび》棒でしたたかに打たれた。だがそれはちょうど柔らかな蓬《よもぎ》の枝で頭を撫《な》でられたように心地よく感じた。できたらもう一度《いちど》ああいう棒を受けてみたいものだ。誰か私のために私を棒で打ってくれる者はあるまいか。

その時、一人の僧が列の中から進み出て、「私がやりましょう」と言った。進み出てきたその僧に、臨済は棒（今のケイサク、杖《じょう》）を差し出した。僧が受け取ろうとするその瞬間、臨済はすかさずその棒でその僧を打った。

これが禅宗の真髄である。禅というものの強烈な自己主張である。私には分かった。「神も仏もあるものか」と。そして「救済などない。この世は、己れひとりである」という徹底した自己鍛錬の思想である。

同じく『臨済録』のＰ91～92

……爾諸方來者、皆是有心、求佛、求法、求解脱、求出離三界。癡人、爾要出三界、什麼處去。佛祖是賞繫底名句。爾欲識三界麼。不離爾今聽法底心地。爾一念心貪是欲界。爾一念心嗔、是色界。

（漢文の読み下し文）

……爾《なんじら》、諸方より来たる者、皆《みな》是《こ》れ有心《ゆうしん》にして、仏を求め法《ほう》を求め、解脱を求め、三界《さんがい》を出離《しゆつり》せんことを求む。癡人《ちじん》、爾《なんじら》、三界を出でて、什麼《じゆういづれ》の処にか去らんと要《よう》すや。仏祖《ぶつそ》は是《こ》れ賞繫底《しようげてい》の名句《めいく》なり。爾、三界を識《し》らんと欲すや。爾《なんじら》が今の聴法底《ちようほうてい》の心《しん》地《ぢ》を離れず。爾《なんじら》が一念心《いちねんしん》の貪《とん》、是《こ》れ欲界《よくかい》。爾《なんじら》が一念心の嗔《しん》、是れ色界《しきかい》。

（分かりやすい日本文に訳す）

……お前たち学生は諸方からここに寄せ集まって来た者たちだ。おまえたちは皆、ああだこうだと、仏《ぶつ》を求め真理（法《ダルマ》）を求め、解脱《げだつ》を求め三界を出離したいと求める。愚《おろ》か者たちよ、いったい三界（法華経が定めた物欲、性欲、無意識の世界の３つ）を出てどこへ行こうというのか。ブッダとか祖師（その他の高僧たち）というものは、ただその偉人の徳を尊《とうと》んで後の人々が付けた名称に過ぎない。お前たちは三界がどんな処なのか、ひたすら知りたがっている。だが、いいか。その三界などというものは、お前たちが今ここで説法を聞いている、この時の自分の感情（心）と別個には存在することはないのだ。お前たちが、あれも知りたい、これも知りたいと一念に貪《むさぼ》ろうとするその心が欲界（欲望の世界）であり、あるいは一念に嗔《いか》りを持つことがそれが色界《しきかい》である。一念に愚癡《ぐち》すなわちグチグチと悩み続けること、それ自体が三界のうちの無意識の世界である。

同じく『臨済録』のＰ１０１～１０２

……儞擔鉢嚢屎擔子、傍家走求佛求法。即今與麼馳求底、儞還識渠麼。活潑潑地、祇是勿根株。擁不聚、撥不散。求著即轉遠。不求還在目前、靈音屬耳。若人不信、徒労百年。

(漢文の読み下し文)

……儞《なんじら》、鉢嚢屎担子《はつのうしたんす》を担《にな》って傍家《ぼうけ》に走り、仏を求め法を求む。即今《そくこん》、与麼《よも》に馳求《ちぐ》する底《てい》、儞還《かえ》って渠《かれ》を識《し》るや。活潑潑地《かつぱつはつち》にして祇是《ただこ》れ根株《こんしゅ》無し。擁《よう》すれども聚《あつま》らず、撥《はっ》すれども散《さん》ぜず。求著《ぐじゃく》すれば即ち転《うた》た遠く、求めざれば還《かえ》って目前にあり、霊音《れいいん》耳に属す。若し人を信ぜずんば、徒《いたず》らに百年を労せん。

(分かりやすい日本文に訳す)

……お前たちは、肉体という糞袋《くそぶくろ》を担《かつ》いで外を走りまわり、仏(仏様になること。悟ること)を求めたり法(真理)を求めたりしている。が、現に今、そのように走りまわっている目的と理由をお前たちは知っているのか。その悟りや真理とは、いいか。そこら中でうごめいていて、そうでありながら実体の無いものだ。手で掻き集めようとしても集めることはできず、払おうとしても払えない。求めようとすれば却って遠くに行き、反対にこちらから、求めようとしなければ自然に目の前に充ち溢れるものだ。それらの霊妙なるものの音声は求めれば耳に一ぱい聞えてくる。もしお前たちがこのものの存在を信じることができないならば、一生涯努力してもついに無駄骨折りに終るであろう。

これが禅というものだ。禅宗なるもの（思想）の本態で本髄である。この冷酷に醒《さ》めきった態度こそは、禅というエゴイズム思想の到達点である。私は、これはこれで大したものだと思う。ゴータマ・ブッダの生き方と共に紀元前5世紀に始まった、人類の救済の思想は、こうして「我らを救けるという神も仏もあるものか（あるなら目の前に見せてみろ）」という救済の否定に行き着いたのである。人世の四苦八苦《しくはっく》（生老病死《しょうろうびょうし》）から逃れ去ることを求めたブッダ本人の思想は、2世紀にマリア信仰（キリスト教）に変態《メタモルフォーシス》して、そして6世紀には禅（宗）の出現によって、再びその対極に行き着いたのである。

禅は徹底的に自力

P104でも書いたが、浄土宗や天台宗（法華経〈＝観音経〉）が「民衆の救済」を強く説いたことで、他力本願《たりきほんがん》（ひたすら阿弥陀さま、観音さまに救済を求めて、すがりつくこと）であるのに対して、禅は徹底的に自力《じりき》である。現世に救済はなく、ひたすら自力でしかありえない。自力による自己救済（自分のことは自分でやる）しかない。安易な人助けなどできることではない。自力本願の思想だ。これ自体は間違った用語らしい。禅宗とは、他力（他に頼ること）である。

他者を救ける（福祉事業、福祉のための国家論）と称したり、口で言ったりすることは偽善《ぎぜん》（ヒポクリシー）である。と決然と言い放った、このときに禅宗が6世紀に中国で敢然と湧き起こったのである。これは東アジアにおける大きな政治思想の始まりだった。このように考えるしかない。日本に伝わった二大禅宗である臨済宗と曹洞宗《そうとうしゅう》（道元〈1200～1253〉が日本に輸入した）は、この思想を根底に置いている。この「他者を救けることはできない」という生き方の態度において嘘はない。同じ仏教、仏教と言ってもこれぐらい大きく違うのである。この大きな真実を今の私たち日本人に、仏教学者も仏僧も誰も教えようとしない。だから私が解明した。いや。もしかしたら今の禅宗の坊主（和尚）たち自身が、この自分たちの根本教理（思想）である「救済などない」「自力《じりき》だけだ」の意味を忘れてしまったのではないか。困ったことだ。

禅宗はだからこそ〝本当の大人の思想〟、〝保守の思想〟として、新しい思想流派として、日本にも根付き大きく栄え、そして今も日本全国に禅寺がある。そこでだ。だから、実は今も「禅宗にはお経がない」。このことも本当である。禅宗は「ただひたすら祈ること」を拒絶したのだから、お経がない。インド伝来の古い宗派（それは本当は、西域＝中央アジアでのキリスト教への融合であった）のような多くの経典（仏典）がない。経典（お経）がないので、本当に困ってしまった。それでは葬式仏教をやって金儲け（僧侶の生活費の獲得）ができない。信者たちを騙す手口がない。それで禅宗は、やっぱり仕方がないので「般若心経」と「観音経」を他宗から借りてきて自分たちも唱えることにした。ちっとも信じていないのに。そうしないと本当に葬式仏教ができないのだ。多くの信者たちに有難味《ありがたみ》のある説教のようなものを説くことができないのだ。この点では、あれだけ「自分たちだけ深い境地に至りついた」気になっている曹洞宗ほど、この傾向が強い。道元の曹洞宗は貴族や上級武士たちのための宗派である。本来の保守の思想だから当然だ。そうであるものだから、この宗派が葬式代が一番高い、と今も人々に言われている。このことも本当だ。

密貿易の文書作成係だった日本の臨済宗の僧侶

それでは、日本の臨済宗の僧侶たちは、一体、何でゴハンを食べていたのか。彼ら高級インテリたちは民衆がキライなのだ。だから、浄土宗（本願寺）や日蓮宗のように民衆煽動をしたくなかった。人が集まらないから当然に金が集まらない。だから、本当の本当は中国との貿易船の文書作成でゴハンを食べていたのだ。「渡唐船《ととうせん》の公帖《こうちょう》を扱った」のである。日本の各地（各藩《はん》）の海のそばに残る武家屋敷なるものの中に必ず臨済宗の寺がある。臨済宗では僧侶が中国式の朱塗りの赤い椅子に座っている。禅寺である臨済宗は、全て中国式の建物である。

13世紀からの鎌倉、室町、戦国期、そして江戸時代の臨済宗の僧たちの本当の職業は、だから中国との貿易文書として高級で立派な漢文（中国語の書式）を書くことのできる、文書作成係であった。中世において漢文（中国文）が読めて、しかも書けるということはものすごく秀才で偉いことだった。武士という人種は元々、荒らくれ者だから、文が読めない。字も書けない。戦国期の覇者（天下人《てんかびと》）の信長、秀吉、家康でも下手くそなひらがな文しか書けなかった。それらは証拠の古文書として残っている。お坊様（及び祐筆《ゆうひつ》職と呼ばれる侍たち）が側《そば》にいてきれいな漢文を書いた。

そして、何と、この日本の禅僧たちが信じたのは朱子学である。彼らは前述した理由の通り、仏僧のくせにブッダの思想を（仏典）を信じていない。彼らは仏典よりも朱子学（儒教）という外国の文献を必死で読んだ。今で言えばラテン語やフランス語の本を読むことだ。朱子学の文を読むことで、「五山《ござん》文学」という高級な輸入学問を日本で実践したのである。奇妙と言えば奇妙極まりないことだ。が、これが大きな真実である。これらのことも私は前著『時代を見通す力　歴史に学ぶ知恵』（ＰＨＰ研究所、２００８年刊）にはっきりと書いた。しかし、今の日本では、私のこの重大な発見と指摘は、まだ相手にされていない。おそらく私の死後、この私の見解は人々に気づかれ重要視されるだろう。待っているしかないんだ。さらに説明する。

禅僧の思想が行き着いたもの

「五山」は鎌倉時代末期頃に、幕府が制定した京都と鎌倉の寺院で構成される学問制度だ。鎌倉《かまくら》五山《ごさん》と京都《きょうと》五山《ごさん》で全部で10寺だが、京都の南禅寺《なんぜんじ》を別格とするので11山となる。鎌倉は建長寺《けんちょうじ》、円覚寺《えんがくじ》、寿福寺《じゅふくじ》、浄智寺《じょうちじ》、浄妙寺《じょうみょうじ》で、京都は、天竜寺、相国寺《しょうこくじ》、建仁寺、東福寺《とうふくじ》、万寿寺《まんじゅじ》である。これらの寺にいた僧侶たちはすべて臨済宗である。このように私は、一応、決めつけておく。さらに細かい内輪のことは分からないし、興味はない。「格式のある立派な寺院（大伽藍《がらん》）」の内側の権威争いになど、何の興味もない。ろくでもない高僧（今で言えば官僚）たちの腐敗しきった姿しか見えない。だからこれら「五山の僧侶」たちへの民衆からの滲《にじ》み出るような尊敬は当時も無かったと思う。一言で言えば、権力坊主たちである。私が、ただ一人注目するのは、やはり大徳寺の一休宗純《いっきゅうそうじゅん》だけだ。一休さんは偉かった。彼は実は足利義満の孫だ。天皇のご落胤である。

彼ら臨済宗の僧侶たちは前述したとおり、勉強秀才だから中国の儒教の中の朱子学ばかりを勉強していた。これが禅宗の本当の姿だ。僧侶のくせに漢文の朱子学の文献ばかりを勉強して、だから仏教なんか、やっていなかっただろう。このことの奇妙さを今の日本の国文学系の知識人たちでさえ分かっていない。禅宗には、宗教やお釈迦さまにすがりついて助けてくれ、という思想がないのだ。やはり透徹したエゴイズムが行き着いた果ての姿だ。

臨済宗の鎌倉五山の建長寺や円覚寺、そして京都の天竜寺、大徳寺や石庭の龍安寺《りょうあんじ》の立派なお寺は、全部、何度でも書くが中国との貿易で儲かったお金でできた寺だ。御朱印《ごしゅいん》船《せん》、勘合符《かんごうふ》貿易そして後には各藩の密貿易で、中国に鉱物資源を持ち出したり、中国から高価なものを購入したりするときにどうしても漢文で書かれた立派な貿易文書が必要だった。正式な文書をきちんと書く力がないと、中国側から相手にしてもらえなかった。そして、そのきちんとした漢文の文書を書けたのが、臨済宗の坊主たちであった。だからパトロンであった将軍や大名たちからきっと貿易利益の１割のお金をキックバックでもらっていただろう。西国《さいごく》大名であれば13世紀には出現していた大内氏《おおうちし》からもらっていただろう。

大内氏は明らかに中国系（華僑）で貿易商だった。大内氏が初めは日明《にちみん》貿易の権益を握っていた。その後は、大内氏を破った毛利氏による密貿易が中心となっていった。長州（山口）の毛利氏は、織田信長がいちばん恐れた相手である。鉄砲伝来（1543年）があって、毛利氏は密貿易で手に入れた鉄砲をたくさん持っていた。だから信長が一番恐れたのだ。当時、毛利氏は貿易文書を作成する僧侶たちを大切にした。ここから日本の国学《こくがく》が興ったのだ。戦国時代に入ると中国船のふりをして、オランダ船もやってきていた。

薩摩では薩南学派《さつなんがくは》という儒学の一派となった。土佐では土佐南学《とさなんがく》と言って、それぞれ朱子学を伝えた。例えば、土佐南学を確立したのは谷時中《たにじちゅう》（1599〜1649）である。谷時中の父は浄土真宗の僧だった。真常寺に移り、雪蹊寺の僧の天室《てんしつ》（質）から儒学を学び、その後、比叡山に行き修行した。儒書を精読し、四書五経のなかでも『大学』を愛読した。が、真常寺の住職だったときに朱子学の本を、仏壇に秘蔵しておき、それを経文代わりにむさぼり読んだという。やがて僧籍を棄てて、本格的に儒学の道を志すようになった。このようにして江戸時代に入ると仏教を棄てた仏僧たちから朱子学そして国学が興っている。そういうわけだから、禅宗は「神も仏も信じない」のである。本当の本当は、これは「やっぱりこの世（現世）では、お金（資金、資本、資産）が一番大事」という思想である。禅宗は人間なるものを突き詰めた思想であるから、虚無（nihilism ナイアリズム）に行き着くに決まっている。このナイアリズムをドイツ語でニヒリズムと言う。虚無の思想に行き着いた。だから、禅宗の坊主は、一切衆生の救済なんか絶対に言わない。と言いながら、それではさらに何に行き着いたかと言うと、何とまぁ、「結局はお金が大事。自分の生活の豊かさが大事」になったのである。そして、今の京都の中のあの禅寺の観光寺（拝観料で何百円もふんだくる）の大きなお寺の全ての管主（高僧）たちは、「生ぐさ坊主たちである」。私は、このようにはっきりと書く。京都の人たちは、このことをよく知っている。白たび様という。生ぐさ坊主であることこそは、人世に枯れ果てた禅宗の思想が本当に行き着いた涯《は》ての涯《は》てなのである。そして、私はこれを良しとする。偽善（ヒポクリシー）がなくて己れに正直でありさえすれば、私は、その人々の生き方をすべてを認める。

それに対して貧しい民衆や百姓や労働者は、いつの時代も「助けてくれ、助けてくれ」だ。だから、浄土宗や天台法華宗（含む日蓮宗）の方に多くが集まる。そこで皆が団結して一揆を起こして中世に暴れたのが一揆である。一向一揆では浄土宗の信者たちが決起して戦国大名たちさえ脅かした。しかし、プロの殺し屋集団である武士に勝てる訳はなかったので各地で鎮圧された。

日本の曹洞宗を開いた道元《どうげん》は、日本臨済宗の始祖の栄西《えいさい（ようさい）》が死ぬ前年に、京都の建仁《けんに》寺《じ》で栄西から直接、教えを受けている（1214年）。このあと、1223年から5年間、中国（宋）に私度僧《しどそう》として渡り、曹洞宗（天童山と万年山にある）を本場で学び、日本に伝えた。彼が弟子に語った『正法眼蔵随聞記《しょうぼうげんぞうずいもんき》』は、ものすごく日本の保守的知識人層に評判がいい。が、その良さが私にはまだ分からない。

栄西の方は、1168年（2年間）と1187年（4年間）の2回、中国（宋）に行って、今の上海の南の方にある天台山《テイエンタイシャン》で学んだ。彼はお茶の木を密かに持ち帰った。お茶は貴重な薬《くすり》である。しかし、12世紀の中国の天台宗には、もう新しさや革命性はなくなっていた。だから栄西は「天台宗（法華経）は行き詰まっている」と鋭く見抜いた。というよりも、栄西は当時の中国で新式の大流行の思想運動となっていた臨済宗（禅宗）の方に自然に移ったのだ。これは文明（帝国）の周辺属国《ぞっこく》の知識人の行動としてはきわめて当然のことだ。そしてこれを日本に輸入した。栄西は『興禅護国論《こうぜんごこくろん》』を書いて幕府に提出した。他宗からの非難、批判に対して、「禅の教えは決して新式の思想ではありません。昔からあるものです」と反論した。そう言えばそうなのだ。6世紀からあるのだから。幕府（北条氏）も天皇もこれを認めて栄西を厚遇して、その厚遇は彼の74歳の死まで続いた。幕府も朝廷も権力者というのは、案外けっこう新らしがり屋なのである。

だから臨済宗の僧たちは貿易文書を中国文で、サラサラと書けた秀才インテリたちだった。この点が重要なのだと私は何度でも思う。このことも前掲書で書いた。

貿易による富がなかったら、朝廷貴族も幕府も、国家経営（財政の確保）ができなかったのだ。貿易をやらなければ国は富まない。貿易だけが国を富ませるのである。現在でも日本は貿易立国である。トヨタとパナソニックを筆頭とする1200社の輸出大企業で日本国は成り立っている。

当時の文明国中国（宋から明、清）の豊かさというものは、世界基準で見ても大きなものだった。宋代（9世紀）から清朝（18世紀まで）の実に1000年間、中国は世界のGDPの25％（ダントツ1位）をずっと生産し、占めていたのである。世界中の経済学者がこの事実を認めている。そして阿片戦争（1840～1842）による欧米列強の侵略から、中国の大きな衰退が始まったのだ。そして今、中国が大きく甦《よみが》えりつつある。

第六章

般若心経になぜブッダの名前は無いのか？

262文字の般若心経《はんにゃしんぎょう》

私は三蔵法師《さんぞうほうし》、すなわち玄奘《げんじょう》三蔵が書いた『大唐西域記《だいとうさいいきき》』（平凡社　東洋文庫）を読み進むにつれて、玄奘という人は、とてつもなく頭のいい人で、超人と呼べるほど頑強な体をした人だと分かった。17年間に亘って玄奘は長安からインドまで行き、そのうえ、ほとんどすべてのインド全域を旅している。おそらく500人ぐらいの兵隊（護衛隊）を連れて、都市（王国）から都市（王国）を移動した。そして再び中央アジアとタクラマカン砂漠（今の新疆ウイグル）を越えて西暦645年に帰ってきた。

偉大な仏僧である玄奘がインドのナーランダ学院から持ち帰った多くの仏典と、このあとの翻訳事業のすごさを私たちは今からでも再評価しなければならない。

同時代の622年にアラビアでムハンマド（570～632）によって、イスラム教が創られた（「ヘジュラ元年」）。このあと、恐ろしいことにわずか100年ぐらいのうちに、イスラム教はワーッと北アフリカ、中東全域を越えて中央アジアにまで広がった。イスラム軍というイスラム教徒の軍隊ができて、ものすごい勢いで広がっていった。751年に「タラス河の戦い」という今のキルギス国の北部の川で唐の軍隊とぶつかって勝っている。このときに漢民族（中国人）は、「ここより以西には中国人は拡張しない」ということが決まったのだ。だから、このタラス河の戦争は重要だ。ここで中国の拡張の停止は世界史において決定されて今に至るのだから。

　このイスラム勢力がさらに侵攻してきてインド東部にまで進出して、ナーランダ学院が壊されたのは、８００年代らしい。玄奘は６４０年頃にナーランダにいただろうから一番栄えているときの仏教を玄奘は勉強しに行って持ち帰った。その経典の１つが『般若心《はんにゃしん》経《ぎょう》』である。この般若心経を玄奘が翻訳して日本にまで伝わった。今の私たちが唱えている、本書Ｐ１００で説明した鳩摩羅什《くまらじゅう》訳もある。

　般若心経は、たった２６２文字で表されている。その冒頭は「観自在菩薩《かんじざいぼさつ》　行深般若波《ぎょうじんはんにゃは》羅蜜多時《らみったじ》……」である。この冒頭の一行にものすごい意味が込められている。「観自在菩薩（＝観世音菩薩、観音さま。一体、何者か？）が、〝波羅蜜《ハラミツ》〟という最高の修行を実行した」という意味である。ここに観自在菩薩が現れて、舎利子《しゃりし》（シャーリープトラー）に向かって、そのように話している。……この理解でいいのだろうか？

　このあと「色即是空《しきそくぜくう》　空即是色《くうそくぜしき》」という有名なコトバが出てくる。「色《しき》」とは、普通にはこの現実世界のことで、「空《くう》」は、一番簡単に言えば「空無」のことだ。だから、真理を唱えたこの有名な一行は「現実世界はすべて無（空）であり、かつもともと無

（空）だったのであるのが現実世界だ」ということだ。この「色即是空」のお経は、どうやら「観世音菩薩なる女神」を最も信仰した紀元（西暦）150年に龍樹《りゅうじゅ》（ナーガルジュナ　150〜250年とされる）という男が書いてまとめたものだろう。だから、何としたことか、この有名な「般若心経」の中にゴータマ・ブッダ（お釈迦さま）の名前は出てこないのである。他のたいていの大乗仏典には、「世尊《せそん》」（尊い人）というコトバが出てきて、この世尊のことをブッダだと普通の解釈はする。私はそうは思わない。どうも大乗仏典の中の世尊は、ゴータマ・ブッダではなくて、龍樹（ナーガルジュナ）その人だと私は考える。それが舎利子（シャーリープトラー）に向かって「波羅蜜行《ぎょう》を行った観音さまを信じよ」という教えを説いている。私は、このように般若心経を解読する。なぜなら、ブッダは後世の産物である観音さまのことを何も知らないのだから。

仏教学では、この龍樹の般若心経の思想を、中観《ちゅうがん》とか、唯識《ゆいしき》とする。唯識とは「種《たね》、種子《しゅうじ》」という意味で、種からすべてが生まれてくるという考え方である。中論《ちゅうろん》や中観とは何かについては、小室直樹先生の説をあとの方に書く。

龍樹という「大乗仏教を作った人物」が生きた時代の紀元150年は、お釈迦さまが亡くなって、すでに500年ぐらい経っている。ブッダはだから「観世音菩薩」を知らない。不思議なことに、龍樹の思想が2世紀に蔓延《はびこ》ってしまって、それがものすごい勢いで仏教となってインド全体に広がった。おそらく玄奘が留学していた時の640年にナーランダ学院でも「空論」、「色即是空」がいちばん流行って隆盛していたのだろう。玄奘は、これらの思想を持ち帰った。だから、以後の中国にまで伝わった仏教は観自在菩薩を一所懸命に拝むことになった。ここで仏教をブッダその人の教えとは関係のない「無量光《むりょうこう》、無限の光」（観世音のこと）という宗教にしてしまった。私は、このことを問題にしている。だから、「これは仏教の中の何教（何宗）ですか？」という話になるのである。

小室直樹先生による空の思想の解説

ここから後は、仏教（ただし、ブッダ本人の教えや言行とは別のものとしての）の中の、今も中心思想とされる「中論＝中観＝空」の思想について、私の先生である小室直樹先生の考えを長々と祖述《そじゅつ》してゆく。『日本人のための宗教原論』（小室直樹著、徳間書店、2000年刊）に依りながら考える。

この本のP242〜247に、次のように書かれている。

「空」と「無」はどう違うか

まず、空《くう》と無《む》は違うということを説明する。

正解を先にいえば、無《む》というのは有《ゆう》に対立《たいりつ》する概念《がいねん》であるのに対し、空《くう》はその両者《りょうしゃ》を超《こ》えた概念《がいねん》である。すなわち、「空《くう》は有《ゆう》でもなければ無《む》でもない。と同時に有《ゆう》であり無《む》である。また、有《ゆう》と無《む》以外のものでもある」なのである。形式論理学《けいしきろんりがく》でいえば全《まった》くありえないこの論理《ろんり》が、仏教の最《もっと》も大切、重大《じゅうだい》な論理《ろんり》なのである。

空《くう》の役割《やくわり》を、中村元《なかむらはじめ》博士（仏教学者、東京大学名誉教授、１９１２～１９９９）はその著書《ちょしょ》で次《つぎ》のように解説している。

……空観《くうがん》はしばしば誤解されるように、あらゆる事象を否定したり、空虚なものであると見なして無視するものではない。そうではなくて、実はあらゆる事象を建設し成立させるものである。『中論』によれば、

『空が適合するものに対しては、あらゆるものが適合する。

空が適合しないものに対しては、あらゆるものが適合しない』（『中論』二四・一四）という。ナーガールジュナの著『異論の排斥』においても、『この空性の成立する人にとっては、一切のものが成立する。空性《くうせい》の成立しない人にとっては、何ものも

成立しない』といって同趣旨の思想をいだいている。漢訳では、『もし人が空を信ぜば、かの人は一切を信ず。もし人が空を信ぜざれば、かれは一切を信ぜず』と訳している。けだし適切であろう。すなわち一切皆空《いっさいかいくう》であるがゆえに一切が成立しているのであり、もしも一切が不空《ふくう》であり実有《じつゆう》であるならば一切は成立し得ないではないか、というのである。

（中村元『空の論理』〔決定版〕中村元選集　第二二巻　春秋社）

ここに引用《いんよう》されている「中論《ちゅうろん》」とは、ナーガールジュナが著《あらわ》した、インド大乗仏《だいじょうぶっ》教《きょう》中観《ちゅうがん》派《は》の根本典籍《てんせき》で、最《もっと》も完成された空《くう》の解説書《かいせつしょ》とされている。

これを一読《いちどく》すれば明《あき》らかなように、「一切《いっさい》が空《くう》であるがゆえに、一切《いっさい》が成立《せいりつ》している」というほどの大事な理論《りろん》なのである。（中略）

この世《よ》に存在《そんざい》するものはすべて実体《じったい》はない。すべて因縁《いんねん》によって存在《そんざい》するようになったものである。これが空《くう》である――と言われても、（普通の人々には）まださっぱりわかるまい。「色即是空《しきそくぜくう》　空即是色《くうそくぜしき》」（この世界の森羅万象《しんらばんしょう》は空《くう》である。しかも、森羅万《しんらばん》象《しょう》から発生《はっせい》する）と、いきなりいわれるのと、あまり変わらないであろう。

単純《たんじゅん》に受け取る者からすれば、「この世《よ》に存在《そんざい》するものはすべて無《む》である」と言うことになってしまう。譬《たと》え話でいっているのではなく、本気でこんなことをいいたてる者、すなわち、「空論者《くうろんしゃ》」（空観《くうがん》を主張《しゅちょう》する者）はニヒリストだと批判されたのは、この理由による。（中略）

空論《くうろん》の主唱者（プロタゴニスト）、ナーガールジュナはこの誤解《ごかい》を解《と》かなければならなかった。

空《くう》の理論《りろん》を「空観《くうがん》」と呼《よ》ぶ。ナーガールジュナがこれを基礎《きそ》づけた。彼は多くの著書《ちょしょ》を残しているが、代表的著作《だいひょうちょさく》が先に挙《あ》げた「中論《ちゅうろん》」である。これをもって、彼の学派《がくは》を中観派《ちゅうがんは》という。

ヨーロッパの学者たちも、中観派《ちゅうがんは》を、虚無主義《きょむしゅぎ》、否定主義《ひていしゅぎ》などと評している（中村、前掲書）。さらに、幻影説《げんえいせつ》（docetism）と決めつける人さえいるほどである。他宗教からの攻撃《こうげき》だけではない。攻撃《こうげき》の砲火《ほうか》は、仏教内部からも集中《しゅうちゅう》してきた。

仏教には大きく分けて、大乗《だいじょう》仏教、小乗《しょうじょう》仏教の二派がある。

両者の一番大きな違いを端的《たんてき》にいうと、「自分が悟《さと》りを得ることのみを目的にするのが小乗《しょうじょう》仏教」で、「その悟《さと》りを広めて人々を救うところまで視野《しゃ》に入れているのが大乗《だいじょう》仏教」といえる。

仏教は基本的に個人救済《きゅうさい》の宗教である。もっといえば本来《ほんらい》、他人のことなどどうでもよい。自身の救済《きゅうさい》のみを目指《めざ》している。釈迦《しゃか》（ブッダ）の出家動機《しゅっけどうき》は老病苦死《ろうびょうくし》などの苦しみを如何《いか》に解明《かいめい》し、自《みずか》ら悟《さと》りをひらくため、であった。世の人を救おうと思ったのでも、仏から命令されたのでもない。悟《さと》りの境地《きょうち》に至《いた》り、そのまま入滅《にゅうめつ》しようとした。ところがここで、地上の王たる梵天《ぼんてん》（ブラーフマン）の願いにより、その願いを聞き入れて鹿野苑《ろくやおん》（サールナート）で最初の説教《せっきょう》をしたにすぎない。本来やる必要のない、他の衆生《しゅじょう》も救うことに協力しようという。この釈迦《しゃか》のこの行動を、（龍樹から以降の仏教では）仏の慈悲《じひ》、と呼ぶのである。

日本に伝《つた》わっているのは大乗仏教《だいじょう》（マハーヤーナ）である。このため、日本では、小乗《しょうじょう》仏教を軽視《けいし》し、攻撃した。世《よ》を救うことを求めず、自（みずか）らの哲学の研鑽《けんさん》に打ち込み、自分だけが救われることを目的にしたのが小乗仏教だからだ。

宗教の優劣《ゆうれつ》は着眼点《ちゃくがんてん》により異《こと》なる。だから、どちらが上下ということはない。が、この性格のゆえに小乗《しょうじょう》仏教は驚《おどろ》くほどの緻密《ちみつ》な学問体系《たいけい》を作り上げ、早くに「説一切有部《せついっさいうぶ》」なる、優《すぐ》れた学派《がくは》を生んだ。

この説一切有部《せついっさいうぶ》（略して「有部《うぶ》」という）や、同じく有力な学派である「経量部《きょうりょうぶ》」は、中観派（龍樹系の大乗仏教）に対して「中観派《ちゅうがんは》は、途方《とほう》もない異端《いたん》である」と攻撃した。

それればかりか、同じ大乗《だいじょう》のひとつである瑜伽行《ゆがぎょう》（ヨーガ）派、とくに後期《こうき》の瑜伽《ゆが》行《ぎょう》派の中からも、「中観派は、ひとつの極端《きょくたん》に固執《こしつ》する極端《きょくたん》説である」として批判を受けた。

「中論《ちゅうろん》」は、「すべては無《む》である」といっているのではない。「有《ゆう》」とともに「無《む》」をも否定《ひてい》しているのである。西洋のアリストテレス以来の実在論《じつざいろん》では、有《ゆう》か無《む》かどちらかである。有《ゆう》でなければ、それは無《む》、無《む》である。無《む》でなければ有《ゆう》なのである。ところがナーガールジュナを始祖《しそ》とする仏教の論理《ろんり》（副島隆彦註。すなわち、それはブッダその人の教えではない）はそうは考えない。

江戸《えど》前期《ぜんき》の臨済《りんざい》僧である至道無難《しどうぶなん》（一六〇三〜七六）が主張した「草木国土《そうもくこくど》、悉皆《しっかい》成仏《じょうぶつ》」（『仮名法語』）の中に、

草木も　国土もさらに　なかりけり　ほとけ（仏）といふも　なおなかりける

という歌がある。（臨済宗の）祖師《そし》の一人である仏教僧《そう》が、空《くう》を説明して人々を教

え導《みちび》くために、「仏《ほとけ》はいない」と公然《こうぜん》と曰《い》っているのである。

破天荒《はてんこう》の秀才《しゅうさい》といわれた法然《ほうねん》（浄土《じょうど》宗の開祖《かいそ》。一一三三～一二一二）は、さらに激しい。法然は、どんなに仏法《ぶっぽう》を学んでもどうしても納得《なっとく》することができず、栄西《ようさい》（臨済《りんざい》宗の開祖《かいそ》。一一四一～一二一五）の元を訪れて、仏について質問した。栄西《ようさい》が答えて曰《いわ》く。**「仏《ほとけ》などいない。いるのは狸《たぬき》と狐《きつね》ばかりである」**。

「仏教徒が（実は仏など信じない）無仏論者《むふつろんしゃ》である」などとは、西洋のキリスト教にとっては、摩訶不思議《まかふしぎ》なことである。だが、キリスト教はヘレニズム世界（ギリシャ文明）を通過《つうか》したときにギリシャ思想《しそう》の洗礼《せんれい》を受けており、アリストテレス（紀元前３８４～３２２）の実在論《じつざいろん》を、根強《ねづよ》く受《う》け継《つ》いでいるのである。だからどうしても、「無《む》」であれば「有《ゆう》」ではないと考えてしまう。しかし、（ナーガルジュナによって作られた西暦2世紀から後の仏教によると）実在《じつざい》論を否定《ひてい》する。実在論と、形式論理学《けいしきろんりがく》を超えるナーガールジュナの論法《ろんぽう》を用《もち》いる。そのため以後の仏教徒は、「無《む》」であると同時《どうじ》に、「有《ゆう》」であっても、それで一向《いっこう》に平然《へいぜん》としていられる。「仏《ほとけ》なんか無い」といったそばから、仏《ほとけ》様を肯定《こうてい》し仏《ほとけ》様に礼拝《らいはい》し、仏像をつくってこれにもまた礼拝《らいはい》する。そうやっても矛盾《むじゅん》など少しも感じなければ、悩《なや》みもしない。まさしく、一切《いっさい》は、空《くう》であるからである。

以上、小室直樹先生の文を長々と引用した。この中に日本の仏教学の権威の中村元博士の文も入っていた。この説明で、仏教とは何か、「色即是空」（大乗仏教）とは何かの日本国における最も優れた簡潔な解答であることを分かっていただけたと思う。ああ、そういうことだったのですか、としか言いようがない。ああ、こういうことだったのですか、と。そして、私、副島隆彦は、天才・小室直樹先生と仏教学の泰斗《たいと》中村元教授の説明から、自説を区別して、さらにはっきりさせる。やはり「空とは無である」と。このように言い切る。

輪廻転生の否定

この本でここまで書いてきた通り、だから私は「空とは無である。人は死ねばすべては無に帰る」とする立場を支持している。だから、西暦150年にナーガルジュナ（龍樹）によって創られた大乗仏教は、キリスト教のマリアさまが阿弥陀如来と観世音菩薩となって、その中に組み込まれた。「般若心経」＝中観《ちゅうがん》派の思想は、ゴータマ・ブッダ（釈迦）

その人の思想とは異なるのだ、と強く主張する。私にとっては、このことは重要である。そして、「空とは無である」「死ねばすべて無となる」とする法相宗《ほっそうしゅう》の立場を私は決然として支持する。

小室直樹先生は、この法相宗という、ブッダその人の思いを最も正しく強固に保存している宗派について、次のように鋭く解説した。それはまさしく「輪廻転生《りんねてんせい》」の否定である。

前掲書『日本人のための宗教原論』のＰ２０８～２１０から引用する。

『豊饒の海』の真意

日本人にとって、この難解無比《なんかいむひ》な仏教哲学についての最《もっと》も手頃《てごろ》な解説書《かいせつしょ》は何か？と問われれば、筆者《ひっしゃ》は三島由紀夫《みしまゆきお》（一九二五～七〇）の最後《さいご》の小説『豊饒《ほうじょう》の海《うみ》』四部《よんぶ》作《さく》を挙《あ》げる。仏教の唯識《ゆいしき》の哲学を補助線《ほじょせん》にしたこの作品は、三島が日本人に対して遺《のこ》した最《もっと》も適切《てきせつ》な仏教入門ともいえよう。

仏教には多くの宗派《しゅうは》がある。その中にあって、教義《きょうぎ》だけがあって、特別の信者《しんじゃ》集団もお墓《はか》もないという宗派《しゅうは》がある。それが唯識《ゆいしき》の法相宗《ほっそうしゅう》である。欧米《おうべい》の宗教常識《じょうしき》から見ればありえないこの宗派《しゅうは》が、いわば仏教の根本的な教義《きょうぎ》を説《と》く宗派《しゅうは》なのだ。（中略）

法相宗《ほっそうしゅう》の徹底《てってい》的解説《かいせつ》、これが『豊饒《ほうじょう》の海』の大切なテーゼなのだ。残念《ざんねん》ながらこの点を、学者も宗教者も文芸評論家《ぶんげいひょうろんか》も指摘《してき》していない。宗教を知らないからなのだ。これまでの大方《おおかた》の評論家《ひょうろんか》や読者は、『豊饒《ほうじょう》の海』を輪廻転生《りんねてんせい》の物語と理解《りかい》している。

ざっと話の筋《すじ》を説明してみよう。

第一巻の松枝清顕《まつがえきよあき》にはじまり、二、三巻でそれぞれ飯沼勲《いいぬまいさお》、月光姫《ジン・ジャン》に転生《てんせい》した主人公《しゅじんこう》は、次いで安永透《やすながとおる》へ生まれ変わってゆく。それを副主人公《ふくしゅじんこう》である本多繁邦《ほんだしげくに》が観察《かんさつ》している。というのがこの小説の構成《こうせい》で、三島は初《はじ》めの三部を輪廻転生《りんねてんせい》物語として設定《せってい》している。

しかし、最後《さいご》の最後《さいご》でどんでん返《がえ》しがある。三回の転生《てんせい》を経《へ》て、四人目として登場《とうじょう》する透《とおる》は全《まった》く異質《いしつ》の人物として登場《とうじょう》するのだ。その輪廻転生《りんねてんせい》の様子《ようす》を夢《ゆめ》で見届《みとど》けてきた本多《ほんだ》は驚愕《きょうがく》した。そして、法相宗《ほっそうしゅう》の寺《てら》・月修寺《げっしゅうじ》に、八二歳となった清顕《きよあき》のかつての恋人《こいびと》・綾倉聡子《あやくらさとこ》を訪ねる。そのとき聡子《さとこ》は、本多《ほんだ》にこう語《かた》る。

「松枝清顕《まつがえきよあき》さんという方《かた》は、お名をきいたこともありません。そんなお方《かた》は、もともとあらしゃらなかったのと違いますか？　何《なん》やら本多《ほんだ》さんが、あるように思うてあらしゃって、実《じつ》ははじめから、どこにもおられなんだ、ということではありませんか？」

この聡子《さとこ》の言葉を正当《せいとう》に解釈《かいしゃく》して、本多《ほんだ》がそれまで大切にしてきた清顕《きよあき》の夢日記《ゆめにっき》を透《とお》が焼いてしまったことを的確《てきかく》に理解《りかい》すれば、三島《みしま》のいっていることがりかいできる。**つまり、人間の魂《たましい》が輪廻転生《りんねてんせい》することはない**、ということである。

このように最後《さいご》の最後《さいご》で、三島《みしま》は魂《たましい》の輪廻転生《りんねてんせい》を明確《めいかく》に否定《ひてい》した。ここに『豊饒《ほうじょう》の海』で三島《みしま》が主題《しゅだい》にした唯識《ゆいしき》が明確《めいかく》に打ち出されている。

唯識《ゆいしき》の思想《しそう》は大変難解《なんかい》だが、一言《ひとこと》でいえば、「万物流転《ばんぶつるてん》」、すべてのものは移《うつ》り変わる、ということである。

仏教の「空《くう》」という論理《ろんり》は、すべてが仮説《かせつ》であり、すべては関係であって、実在《じつざい》するものは何《なに》もない、というものである。

結論《けつろん》からいえば、魂《たましい》の輪廻転生《りんねてんせい》を否定《ひてい》した三島《みしま》は、それでは生まれ変わって復活《ふっかつ》するのは何かという宿題を読者に残した。

魂《たましい》の輪廻転生《りんねてんせい》を否定《ひてい》すると、直《ただ》ちに難問《なんもん》が出てくる。輪廻転生《りんねてんせい》というのは仏教の根本思想《しそう》となっている（しかし、輪廻転生はヒンドゥー教の思想である）。ヒンドゥー教が輪廻転生《りんねてんせい》（の思想）は、人間には魂《たましい》（アートマン）というものがあって、人間が生まれ変わり、死に変わりして、前のとき（前世）にいいことをした人はより高いところに、悪いことをした人はより下にいく、とする。だから上は天上《てんじょう》から、人間・修羅《しゅら》・畜生《ちくしょう》・餓鬼《がき》・地獄《じごく》まであるわけだ。

しかし、（ヒンドゥー教と違って）仏教では魂《たましい》の実在《じつざい》を否定《ひてい》する。魂《たましい》がなければ何《なに》が輪廻転生《りんねてんせい》するのか。何《なに》が因果律《いんがりつ》の支配《しはい》を受《う》けるのか。

ここまでが、小室直樹による法相宗＝「唯識《ゆいしき》」、すなわち、魂（＝霊魂）が輪廻転生することの否定の説明である。霊魂の輪廻転生はヒンドゥー教のものだからである。私は、この法相宗の立場を支持し、三島由紀夫（１９７０年11月25日、45歳で自刃《じじん》）の偉大な才能を愛惜し追慕する。そして自分の師である碩学《せきがく》小室直樹先生を追悼する（２０１０年９月４日逝去。享年77）。

副島隆彦による般若心経《はんにゃしんぎょう》の翻訳

ようやくここから「般若心経」そのものの解説をする。まず、このお経の全文を私なりに分かった自分の翻訳文を載せる。

（副島隆彦の訳）

般若心経

観音菩薩が、波羅蜜多《はらみった》という有り難い行《ぎょう》を深く修行しました（行深《ぎょうじん》）。すると、五蘊《ごうん》から成るとされるこの世のすべては、何もない「空《くう》」（皆空《かいくう》）である。このことがはっきりと分かりました（照見《しょうけん》）。そうしたら、観音菩薩は、自分が引き受けているすべての苦しみと災いを乗り越えていくことができました（度一切苦厄《どいっさいくやく》）。

ブッダが生きている時代の弟子であったシャーリープトラー（舎利子《しゃりし》）は彼の出身であるバラモン階級が使ったサンスクリット語で次のように後世に書き残した。この世は空《くう》である。この空が目の前にある現実世界だ。そして、この現実世界は再び、空となって消えてゆく。だから始まりの空も、その次の空も、すでに消えてしまった空も、それらもまたもともと何もない（色不異空《しきふいくう》　空不異色《くうふいしき》）。この世は空が変化したものである。

シャーリープトラーは次のように書いて残した（と私、龍樹〈ナーガルジュナ〉は説く）。いろいろに言われる真理（諸法）は、それらも何も無い（空相《くうそう》）。だから、ものごとは生じることもなく、滅《めつ》することもなく（不生不滅《ふしょうふめつ》）、汚れることもなくまた清浄であることもなく（不垢不浄《ふくふじょう》）、増えることもなくまた減ることもない（不増不減《ふぞうふげん》）。このゆえに（是故《ぜこ》）、空の中には色《しき》（現実世界）はない（空中無色《くうちゅうむしき》）。知覚することも、思う（思考する）ことも、行為も、知ることもない（無受想行識《むじゅそうぎょうしき》）。目も耳も鼻も舌の五感体で感じることも無い（無眼耳鼻舌身《むげんにびぜつしん》）。意識することもない（無意《むい》）。したがって、色も、声も香りも、味も触覚も、無い（無色声香味触《むしきしょうこうみそく》）。目に見える世界ももともと無い（無眼界《むげんかい》）。そこからさらに（乃至《ないし》）、意識する世界も無い（無意識界《むいしきかい》）。もともとの始まりの暗闇も無い（無無明《むむみょう》）。そしてまた（亦《やく》）、そのもともとの暗闇が尽きるということも無い（無無明尽《むむみょうじん》）。したがって（乃至《ないし》）、老いることや死ぬことも無くなる（無老死《むろうし》）。そしてまた（亦《やく》）、老いることや死ぬことが尽きるということも無い（無老死尽《むろうしじん》）。四諦《したい》（4つの諦《あきら》め）であるところの苦集滅道《くしゅうめつどう》も無い。智恵というものも無く（無智《むち》）また（亦《やく》）、現実世界での利得というものも無い（無得《むとく》）。

生きていて何も得ることなど無いこと（無所得《むしょとく》）をもって（以《い》）、ボダイサッタ（菩薩）である観世音は、ひたすら波羅蜜多の行《ぎょう》を行った（依《え》）。が、ゆえに心に悩みというものが無いことになった。悩みが無くなった（無罣礙《むけいげ》）。それゆえ（故《こ》）に、恐怖心というものも無くなった（無有恐怖《むうくふ》）。一切の夢想をひっくり返して（顛倒夢想《てんどうむそう》）、そこから離れることができるようになった（遠離一切《おんりいっさい》）。そうであるが故にひたすら涅槃《ねはん》（死ぬこと）を追い求めよ（究竟《くきょう》）。

そうすれば、あの世とこの世と未来の世（三世《さんぜ》）に存在する、いろいろの宗教の神たちもまた（諸仏《しょぶつ》）、このありがたい波羅蜜多の行に頼るのである。そうして、阿耨多羅《あのくたら》の三《さん》藐三菩提《みゃくさんぼだい》という境地に達する。このことを分かるべきである（故知《こち》）。ゆえに波羅蜜多の行《ぎょう》は、これは（是《ぜ》）、大いなる神の呪《まじな》いのコトバである（大神呪《だいじんしゅ》）。そして、これは大いなる明らかな呪《まじな》いの言葉でもある（大明呪《だいみょうしゅ》）。これに（是《ぜ》）勝る呪文《じゅもん》は他にはない（無上呪《むじょうしゅ》）。これと対等の呪文は他には存在しない（無等等呪《むとうどうしゅ》）。この呪文ですべての苦悩（一切苦《いっさいく》）を取り除くことができる（能除《のうじょ》）。

真実は、空っぽの空無（空虚）ではないことが分かる。だから（即《そく》）、私、龍樹はこの波羅蜜多《はらみった》（パラミーター）の呪文を説く（説呪曰《せつしゅわつ》）。

この呪文を次のように唱えよ。諦《あきら》めろ、諦めろ（羯諦《ぎゃてい》　羯諦《ぎゃてい》）。さらに諦めろ。そのようにして（波羅《はら》）、菩提（ボディー）、すなわち真理の大きな理解に至る（波羅僧羯諦《はらそうぎゃてい》）。まさしくこれがありがたい真理のお経である（菩提薩婆訶《ぼじそわか》　般若心経《はんにゃしんぎょう》）。

以上が、私の般若心経の全文（２６２文字）への翻訳文である。私の理解では、このお経はブッダの弟子の舎利子《しゃりし》（シャーリープトラー）が書いて伝えたものであるとして、更にその上に龍樹が自分の「空」の思想（中観）を混ぜ入れて書いた、とする。そしてその全体は、観世音菩薩がハラミツ（波羅蜜）という、すばらしい修行方法をしたことで「一切苦役（すべての苦悩）」から度《ど》して自由になった、と説いた。そして、だから「この大いなる呪文（大明呪）を皆も一斉に唱えるべきだ」と、このお経そのものに書いている。だからこの般若心経の全文を再び分かち書きで、徹底的に読者に分かるように載せる。ここまでやらないと、私たち今の日本人には仏教のお経は身近にならない。

●仏説《ぶっせつ》摩《ま》訶《か》般《はん》若《にゃ》波《は》羅《ら》蜜《み》多《た》心《しん》経《ぎょう》

観自在菩薩　行深般若波羅蜜多時　照見五蘊皆空　度一切苦厄
かんじざいぼさつ　ぎょうじんはんにゃはらみったじ　しょうけんごうんかいくう
どいっさいくやく
舎利子　色不異空　空不異色　色即是空　空即是色　受想行識亦復如是
しゃりし　しきふいくう　くうふいしき　しきそくぜくう　くうそくぜしき　じゅそ
うぎょうしきやくぶにょぜ
舎利子　是諸法空相　不生不滅　不垢不浄　不増不減　是故空中　無色
しゃりし　ぜしょほうくうそう　ふしょうふめつ　ふくふじょう　ふぞうふげん　ぜ
こくうちゅう　むしき
無受想行識　無眼耳鼻舌身意　無色声香味触法

むじゅそうぎょうしき　むげんにびぜつしんい　むしきしょうこうみそくほう
無眼界　乃至無意識界　無無明亦　無無明尽
むげんかい　ないしむいしきかい　むむみょうやく　むむみょうじん
乃至無老死　亦無老死尽　無苦集滅道　無智亦無得
ないしむろうし　やくむろうしじん　むくしゅうめつどう　むちやくむとく
以無所得故　菩提薩埵　依般若波羅蜜多故
いむしょとくこ　ぼだいさつた　えはんにゃはらみったこ
心無罣礙　無罣礙故　無有恐怖　遠離一切顚倒夢想
しんむけいげ　むけいげこ　むうくふ　おんりいっさいてんどうむそう
究竟涅槃　三世諸仏　依般若波羅蜜多故
くうぎょうねはん　さんぜしょぶつ　えはんにゃはらみったこ
得阿耨多羅三藐三菩提　故知般若波羅蜜多
とくあのくたらさんみゃくさんぼだい　こちはんにゃはらみった
是大神呪　是大明呪　是無上呪　是無等等呪
ぜだいじんしゅ　ぜだいみょうしゅ　ぜむじょうしゅ　ぜむとうどうしゅ
能除一切苦　真実不虚　故説般若波羅蜜多呪

のうじょいっさいく　しんじつふこ　こせつはんにゃはらみったしゅ
即説呪曰　羯諦　羯諦　波羅羯諦　波羅僧羯諦
そくせつしゅわっ　ぎゃてい　ぎゃてい　はらぎゃてい　はらそうぎゃてい
菩提薩婆訶　般若心経
ぼじそわか　はんにゃしんぎょう

これが般若心経の全文の掲載である。私の翻訳文と再度、照らし合わせてください。これでお経というものが私たちにかなり分かりやすくなった。ところが、このお経には、ついにゴータマ・ブッダその人は現れなかった。ブッダはどこへ行ったのだ。観音菩薩（アヴァローキテーシュヴァラ）と舎利子《しゃりし》の名は出場する。しかし、ブッダは出てこない。本当にこのお経を弟子のシャーリープトラー（舎利子）に、説いた（教えた）のはゴータマ・ブッダその人であるだろうか？　そんなことは、どこにも書いていない。ただ、このお経の真ん中あたりに菩薩（菩提薩埵）が出てくる。「……無所得故《むしょとくこ》　菩提薩埵《ぼだいさった》……」の箇所に「ゆえにボダイサッタは、波羅蜜多の行《ぎょう》を行う」と書いてある。が、この菩薩がブッダであるはずはない。ブッダは如来（悟りを開いた人）であって、ボダイサッタとは菩薩であるから。このボディサッターはやはり観音菩薩であり冒頭に彼女が有り難い波羅蜜《ハラミツ》多行《タギョウ》を行ったと確かにそのように書いてある。その結果罣礙《けいげ》（悩み）や一切苦（すべての苦しみ）から自由になり、それを乗り越える（度《ど》す）ことができた。と、この経典の全文で訴えかけている。だからやはり、このお経を書いたのは、２世紀（１５０年）の龍樹だ。紀元前5世紀のブッダの時代に観音菩薩（実はマリアさま）は、まだいない。

観音菩薩を拝んだのは、ブッダではない。再度、書くが、この経典は、紀元後１５０年に成立し、出現した経典である。私はこのことを主張し続けなければ気が済まない。それでもなぜ、ブッダの直接の弟子であることがはっきりしているシャーリープトラー（舎利弗）の名が、ここに出てくるのか。それが分からない。

仏教学者たちは、すべていい加減な解釈をして、これらの矛盾を押し潰している。前に引用した中村元でも、曖昧《あいまい》にしか説明していない。なぜ、観音菩薩（「すべてを見通す神」という意味）をブッダが拝まなければいけないのか。悟りを開く（35歳）までずっと、ヒンドゥー教の教義にしたがって、修行していたブッダにとって観音菩薩という女神は出てこない。ヒンドゥーの女神であるなら、パールヴァティー（シヴァ神の妃）か、ラクシュミー（ヴィシュヌ神の妻）でなければならない。あるいは、ヒンドゥー教の3番目の女神であるサラスヴァティー（Sarasvati 弁財天、弁天さま）でなければならない。そして、私たちは、それでは一体、この般若心経に出てくる観音菩薩とブッダは、どっちが偉いのか。どっちが格が上なのか。どっちが、どっちを拝んでいるのか。このことを本気で答えてみるべきなのだ。こんなにも有名な般若心経の中にこれほどの自己矛盾が隠されている。私たち日本人は、こういうごく当たり前の事実を確認もせずに1000年以上も、仏教の「お経」というものを、ただただ訳も分からず、有り難い、有り難いで、唱えさせられ聞かされ、読まされたのだ。馬鹿じゃなかろうか、と私は本気で思う。無知蒙昧《むちもうまい》は、この私には通用しない。私は、この世のすべての真実を自分に暴《あば》ける限りすべて暴《あば》く。

般若心経《はんにゃしんぎょう》の中心は空の思想

ところで、804年に入唐《じっとう》し、806年には日本に帰ってきた空海と最澄（彼は805年にたったの半年で帰国）は嵯峨《さが》天皇らの天皇や公家たちに愛された。

このとき、奈良の古い仏教（南都六宗）はどうだったか。東大寺と興福寺《こうふくじ》が主要な奈良の寺である。P145で前述した法相宗《ほっそうしゅう》という一番古い仏教宗派が重要である。前著『時代を見通す力』（PHP研究所、2008年刊）でも、このことを力説した。この法相宗がもたらした学僧たちどうしの、過激派学生運動のような1000年間に亘る騒乱（ゲバルト）事件が続いた。この法相宗は、ブッダの考えを最も忠実に伝えている。だから空《くう》の思想を否定する。当然、「般若心経」を読みたがらない。魂の不滅も言わないし、輪廻転生も言わない。法相宗は「空」を否定して、「唯識《ゆいしき》」という絶対否定の思想に立脚する。

私は法相宗の立場を支持する。だから、「空《くう》とは無である」と言い切る。そして、「人は、死んでしまえば何もかも無くなってしまう」という思想の立場である。死んだらすべておしまい。死んだら何も残らない。これが法相宗である。この法相宗がゴータマ（釈迦）その人の思想に一番近いのだ。何度でも書くが、輪廻転生は仏教の思想ではない。ヒンドゥー教の思想である。

ブッダその人のコトバ、すなわち、本当の仏教学の本物の経典は、（東京大学のインド哲学仏教学教授で仏教学者の中村元〈なかむらはじめ、1912〜1999〉が和訳した）『ダンマパダ』（その一部が法句経〈Dhammapada〉として中国語仏典となり日本にまで伝わった）と、『スッタニパータ』（SuttaNipata）の2つだけである。普通、原始仏典という言い方で呼ばれるのがこの2つである。『ダンマパダ』は、『ブッダの真理のことば』（岩波文庫の『ブッダの真理のことば　感興のことば』所収）と訳されている。2冊とも改訂されて岩波文庫で今もよく売れている。『スッタニパータ』の方は漢訳仏典として中国にも伝来していないようだ。

私は、『スッタニパータ』を重要視する。その最も大切なブッダ本人の真実のコトバを

中村元（1912年～1999年）
インド哲学・仏教思想を専門としていた東京大学名誉教授。西洋哲学にも幅広く通じた偉大な学者であった。

写真提供：共同通信社

この本の第三章のＰ74に、引用して載せた。

中村元氏は自分で本心を吐露している。東大を定年退官するまでは自由に書けなかった。定年になって初めて、「お釈迦様の本当の言葉、教えは、これだけなんだ」と、書いて出版できた、と。中村元のこのことの凄《すご》さを今さらながらに思う。私は自分が学生だった1976年に、友人の東大生に「杉並区の久我山《くがやま》に、中村先生が住んでいるから、一緒に遊びに行かないか」と誘われたことがある。私は当時、まさにその久我山に住んでいた。あのとき、中村元に会いに行っていればよかった。中村元が、1960年代からたくさんの仏典の現代日本語での刊行と解説をしたことによって、日本の仏教界の各宗の理論家たちに与えた衝撃は、もの凄く大きいのだと今さらながらに思う。

大乗の「四諦八正道《したいはっしょうどう》」などについて

故に紀元150年ごろに北インドと北パキスタン（ガンダーラ）あたりで、大乗仏教（マハーヤーナ）が成立したと私は推定する。これは西の方（パレスチナ）から宣教師たちによって伝えられたキリスト教の強い影響を受けたことは何度も書いた。影響というよりも、そっくりそのままのすり換えが起こったのだ。

ブッダその人の教えと生き方（言行録）は一体何であったかも、この500年後の大乗仏教の中でも議論されたはずなのだ。そして、それが西暦645年帰国の玄奘の大唐帝国（長安）での大翻訳事業の頃には、中国語でも確定していった。それは、「中道《ちゅうどう》・四諦《したい》・八《はっ》正道《しょうどう》・十二縁起《じゅうにえんぎ》」と総称されるものだ。この理論を日本仏教のほとんどが認めて受け容れているようである。「突き詰めれば、神も仏もない」はずの禅宗でさえも、何故かこの理論を伝授して本当は信じてもいない経典を読誦《どくじゅ》、唱名《しょうみょう》する。各宗ごとに学僧が仏教学をやり始めると、必ずこの「中道・四諦・八正道・十二縁起」を学ぶことになっている。

それは例えば今の日本の大学で、法学（＝法律解釈学。ゲゼッツ・フェルメノイティーク）というと、「憲法・民法・刑法・商法・民事訴訟法・刑事訴訟法」の六法を学ぶことに明治時代から決まったことと同じだ。経済学部であれば、「ミクロ経済学（企業経営の経済学）」と「マクロ経済学（国家の運営の経済学）」と「経済原論」と「経済学史」と「財政・金融経済」と「会計学」（日本の経済学部では、ほとんど教えない）を学ばせられることと同じことだ。

私は、この「中道・四諦・八正道・十二縁起」という大乗仏教学の中心理論は頭から疑っているからキライである。こんなものが偉大であるブッダその人の本当の教え（思想）、コトバであるはずがないのだ。だから私は、「中道・四諦・八正道・十二縁起」理論は、そんなものは本当のブッダの思想ではないから、捨て去るべきだと考えるので無視したい。

だがそれでは「仏教とは何か」の説明が完成しない。そこで、ごく簡単にこの理論を説明しておく。

「中道《ちゅうどう》」とは、激しい苦行などしないこと。しかし、だからと言ってあまりに簡単な生き方もしないこと。そこでその中間の生き方で修行（求道）せよ、ということだ。

「四諦《したい》」とは、４つの大きな諦《あきら》め、である。「諦める」とは「明らかにする」「明らかになる」ということでもある。この四諦は、人世の苦しみ、苦悩から脱出できるための考え方である。苦しみから逃れ出るための手続きを言っている。いわゆる諦観《ていかん》（すべてを諦める）の境地に達するということだ。四諦は、「苦諦《くたい》、集諦《じったい》、滅諦《めったい》、道諦《どうたい》」という順番を踏む。

まず、この世界のすべては苦（苦しみ）である（のが真理である）とする。そして、この苦しみの原因はすべて、人間自身の中から生まれる「煩悩《ぼんのう》」＝「渇愛《かつあい》」であるとする。これが集諦《じったい》だ。だからこの渇愛を消滅させれば、苦しみも無くなると考えた。これが滅諦《めったい》だ。そして、この苦しみを無くす方法が「八正道」であるとする。これを道諦《どうたい》と言う。フタを開けてみたら、このように何ともつまらない、そこらの誰でも言いそうな理屈だ。こんな理論が１０００年以上も信じられて、今に伝わっている。だから、仏教は人々から捨てられたのだ。

次の「八正道《はっしょうどう》」は、①正見《しょうけん》…ものごとを正しく見ること、②正思惟《しょうしゆい》…正しく考える、③正語《せいご》…正しく語ること、④正業《しょうぎょう》…日々の正しい営み、労働、⑤正命《しょうみょう》…日々の正しい生活、⑥正 精進《しょうしょうじん》…正しい努力の仕方をする、⑦正念《しょうねん》…正しく念ずること、記憶すること、⑧正定《しょうじょう》…いつも穏やかな正常な精神状態でいること、の８つである。ああ、くだらねえ、と言うべきだ。

そして最後に「十二縁起《じゅうにえんぎ》」が出てくる。「縁起説《えんぎせつ》」という仏教理論をことさらに強調する宗派がある。私は、こんな「何かのご縁です」の「縁」を強調し、ものごとを「原因と結果（cause《コーズ》 and《アンド》 result《リザルト》）」の「因果律《いんがりつ》」で理解し尽くそうというのは、「あるがまま、このままの生、そしてそれは仕方のないもの」をこそ、大切にするであろうブッダの思想ではないと思う。ゆえに、私は「縁起説」も捨てる。まさしく「すべてを捨て去って、ただ一人生きよ」（ブッダ）である。

「十二縁起」は、まず「無明《むみょう》」から始まる。無明とは、無明長夜（avidya アヴィドヤー）のことで、まだ何も分からない真暗闇の夜明け前の無智の状態のことである。この無明で、人間は苦しんでいることになっている。この無智＝無明で苦しんでいる（煩悩）の反対を真如《しんにょ》と言う。「真如にたどりつく」と言いさえすればいいというものではないだろうに。

このあと、行《ぎょう》、識《しき》、名色《みょうしき》、六処《ろくしょ》（六根《ろっこん》とも言う。眼、耳、鼻、舌、身、意のこと）が来る。この「眼、耳、鼻、舌、身、意」は、Ｐ１４８の「般若心経」にも出てきたものだ。ここから「触《そく》」、「受《じゅ》」となり、やがて「（渇）愛《あい》」、「取《しゅ》」（愛に執着すること）、「有《う》」、「生《しょう》」、「老死《ろうし》」となって、再び「無明（生まれる前）」へと戻る。この12個は輪環《りんかん》する。いつまで経っても、グルグル回っている。すなわち、救い（救済）は無いことを言っている。そして、輪廻転生（六道輪廻《ろくどうりんね》）で永遠に生命（魂、霊魂）は、さまようことになる。だから私は、このような考えはキライである。死んだら、さっぱりすべてをおしまいにしてもらいたい。私のこの考えは、今の人間たち（人類）の多くに支援されると、私は思う。仏教の各教団も、ローマ・キリスト教会も、霊魂の不滅を言うことで「従順でないと魂がさ迷うことになる」といつまでも民衆を自分たちの支配下に置こうとするのだ。

Ｐ１４９に出てきた五蘊《ごうん》というのは、「色、受、想、行、識」のことである。これらは現実世界（「色《しき》」）にあるものだ。そして、それらは「無色、無受想行識」で、すべてもともと無いものであり、「空」である、とする。それが龍樹が考え出した「色即是空」（著作『大智度論』の思想）である。

この「空」に至りつく修行方法を「波羅蜜多（ハラミータ）」と言う。それを六波羅蜜と、またしても、これを6種類に分けている。その6つとは、①布施《ふせ》（僧に喜捨《きしゃ》せよ、供《く》養《よう》せよ）、②持戒《じかい》（厳しく戒律を守れ）、③忍辱《にんにく》（我慢せよ）、④精進《しょうじん》（努力せよ）、⑤禅定《ぜんじょう》（常に安定した精神状態にあること）、そして⑥智慧波羅蜜《ちえはらみつ》となる。

これで、観世音菩薩（アヴァローキテーシュヴァラ）は悟り（bodhi ボーディ、菩提）に至ったのだ、と龍樹《りゅうじゅ》菩薩が西暦150年に考えついたのだ。それが大乗仏教である。そして、玄奘（602〜664）たちを通して中国語（漢文）に訳され、それが日本にまで伝わったということだ。

あとひとつ残っていた。それは「苦しみ」の中身だ。仏教では「四苦八苦《しくはっく》」と言う。まず、四苦の「生老病死《しょうろうびょうし》」がある。「生まれること、老いること、病にかかること、死ぬこと」これらもすべて「苦しみ」だ。そして、「八苦」がくる。それは、「愛別《あいべつ》・離苦《りく》」（愛する者とも必ず別れが来る）、「怨憎《おんぞう》・会苦《えく》」（嫌な人とも顔を合わせなければいけない。これはホントだね）、「求不《ぐふ》・得苦《とくく》」（欲しいと思っても手に入らない）、そして「五蘊盛苦《ごうんじょうく》」（この世は、嫌なことがなくならない仕組みになっている）である。なーんだ、大乗仏教の理論とは、こういうことだ。たったこれだけのことだ。くだらねぇ。やっぱりブッダ（お釈迦さま）その人の思想（コトバ）に戻るべきだ。

第七章

「悪人正機説」を解体すると見えてくること

「世尊布施論《せそんふせろん》」こそは日本に伝わったキリスト教の「聖書」そのもの

鎌倉新仏教と言われるものは、6つである。①法然《ほうねん》（1133〜1212）の浄土宗、②親鸞《しんらん》（1173〜1262）の浄土真宗、禅宗が2つで、③栄西《えいさい》（1141〜1215）の臨済宗、④道元《どうげん》（1200〜1253）の曹洞宗、⑤日蓮《にちれん》（1222〜1282）の天台法華宗から分かれた法華宗、そして⑥一遍《いっぺん》（1239〜1289）の時宗。これは踊り念仏（盆踊りの起源）で浄土宗の一種、である。

仏教の浄土宗は、「西方浄土《さいほうじようど》」と言って、中国・日本から見て西の方を「専修念仏《せんじゅ》」で一生懸命拝みなさい、という思想だ。浄土とは、一切の煩悩《ぼんのう》や穢《けが》れを離れた、清浄な国土、仏さまの住む世界のことを言う。明らかに天国の一種だ。同じ浄土でも「極楽」浄土というコトバもある。阿弥陀経の中に出てくるコトバだ。阿弥陀経（浄土宗）はキリスト教の変形だから、西方とはずっと西の方の今のイスラエルのエルサレムのことだ。そこにキリストの墓がある。このことが西方浄土の根拠である。浄土宗はキリスト教なのであるから、これは自然なことだ。まるで世界中のイスラム教徒がサウジアラビアにあるメッカ（ムハンマドのカーバ神殿がある）の方を向いて礼拝するのと似ている。そして拝んでいる阿弥陀如来は、イエスの奥さまのマグダレーナ・マリアである。阿弥陀如来は、マグダラのマリアなのである。

親鸞は「南無阿弥陀佛《なむあみだぶつ》とただひたすら阿弥陀如来の名前を唱えよ。そうすれば救われる」と説いた。ひたすら神（仏）の名を唱えよ。まさしくこれはキリスト教そのものだ。念仏を唱えさえすれば救済されるという教えは、まさしくキリスト教の「主の名を呼び求める者は誰でも救われる」（新約聖書、ローマ人の信徒への手紙10章13節）と同じだ。ただし、「ローマ人の信徒への手紙」を書いたのは、イエス・キリストではなくパウロである。キリスト教も実は、キリスト本人のコトバではなく使徒（アポストル）とされるパウロという人物によって、その中身が大きく変質させられ、奪い取られたのである。この問題については、私は別の本で書く。

日本の仏教学者、仏僧たちは、この「アミダやカンノン（マニ・パドメ）の名を唱えさえすれば、救済される」ことの、キリスト教との同一性に気づいているはずである。それなのに、自分たちの宗教（浄土宗＝阿弥陀教も、観音経＝天台宗・日蓮宗のどちらも）が、キリスト教と同じものであり、そのデリバティブ（派生したもの）であることを絶対に言おうとしない。本当は分かっているのだ。浄土教学では、こそこそと仏僧たちの間で長年そのように内側でささやかれているはずなのだ。

比叡山で読まれていた経典の中に、キリスト教の聖書そのものが有ったのである。大谷大学・龍谷《りゅうこく》大学（浄土真宗の学問をする）では、皆でひそひそと語っている。京都在住で私の弟子だった葭川《よしかわ》邦弘君が、10年前にその経典（お経）を見つけて私に教えてくれた。

その名を「世尊布施論《せそんふせろん》」という。この経典が京都の西本願寺に宝物として保管されているそうだ。この経典「世尊布施論」は、中国で広まったキリスト教（アリウス派。イエス・キリストを人間だと考える説）の漢訳教典である。これが仏典の形で日本国に伝わった古いキリスト教である。この「世尊布施論」の内容は、新約聖書の「マタイの福音書」5〜7章の「山上の垂訓《すいくん》」を中心に、書かれている。アダムの創造と堕落、イエスの降誕《アドベント》と、その生涯、教え、そして救い等のキリスト教の教義が記されているようだ。だから「世尊布施論」の「世尊」とはイエス・キリストのことである。ブッダ（釈迦）のことではない。当然だが、この経典はすべて漢文で書かれており、他のお経と全く同じ体裁をとっている。

法然も親鸞も比叡山で天台宗の教学を学び厳しい修行を積んでいる。そのときにこのキリスト教（イエス・キリストという男の言行録）の漢訳教典である「世尊布施論」を読んで強く影響を受けたのだろう。そのようにしか考えられない。この特異な経典が他の法華経などの主要な経典（教科書）と、どういうふうに区別されて学僧たちの学習科目に入っていたのかなどは、全く推測できない。私が比叡山延暦寺の中の学問制度のことを勝手に想定しても、どうせすべて外《はず》れる。それでも、この日本にまでやって来た『キリスト聖書』のまさしくその根幹は、「民衆を救済する」である。

法然が日本では誰よりも（源信《げんしん》よりも）早く説いた「南無阿弥陀と唱えれば、死後は平等に往生できる」という思想の文献からの追跡はここまでで止めておく。「南無阿弥陀仏（なむ・あみだぶつ）」とは、サンスクリット語「ナーム・アミターバ」あるいは、「ナーム・アミタユース」の変化したものである。前の方にも書いたが、阿弥陀（アミターバ）とは、明るく照らす無限の光のことである。「無量光《むりょうこう》」と言う。だから、阿弥陀経（浄土宗）は「私は阿弥陀、すなわち無量寿という無限の光、無制限の輝きをくださる方に帰依します」という信仰である。

このひたすら「阿弥陀さまの名を唱えよ」は、『新約聖書』の中の「使徒言行録2章21節」の「主の名を呼ぶ者は、みな救われる」という、ローマ・カトリック教の思想と同じである。極楽（天国）である浄土を請い求める「欣求浄土《ごんぐじょうど》」という考えは、キリスト教と同じである。

それから、親鸞が弟子たちに説いた、悪人正機説《あくにんしょうきせつ》である。「善人なおもて往生《おうじょう》をとぐ、いわんや悪人をや」の『歎異抄《たんにしょう》』第3章に出てくる悪人正機説である。

悪人正機説の本当の意味

悪人正機説とは、「いくら善人で、善行を積んだからといっても往生できるかどうかは分からないのだ。どれだけ阿弥陀さまにすがりついても、極楽に行けることの保証は何もない。それと同じように、大悪人がどれほどの悪行を重ねて多くの人を殺したからといっても極楽に行けるときは行けるのだ。悔い改めることなどどうでもいい。すべては神（仏）が決めるのだ」という意味である。

この「悪人であっても往生できる」という思想は、キリスト教の中でも、プロテスタント（抗議する人々の運動という意味）として、1530年頃からヨーロッパで出現した。北ドイツのマルチン・ルター（Martin Luther 1483～1546）が最も偉大で重要だが、もう1人いる。ジャン・カルヴァン（Jean Calvin 1509～1564）の大著『キリスト教綱要《こうよう》』（1536年刊）の中ではっきりとこの思想が書かれた。

人間が救済されるかどうかは神（天）だけが決めることができる。神に対して人間があれこれ命令してはならない。「自分はこれほど神を熱心に信じ善行を積んだのに、救ってくれないのですか」などと神に向かって不平不満を言ったり、神を呪うことを神は許さない。これをもっと短く言うと「神を試《ため》すな」あるいは、「神を条件づけるな」である。すなわち神さま（大きな流れ、必然）に対して人間があれこれ取引したり、要求したりすることはできないのだ、という重要な意味が隠されている。

ここまで理解しなければ、浄土宗（阿弥陀経、維摩経）の悪人正機説を分かったことにならない。この悪人正機説＝救済されるかどうかは神が決める、という思想は、近代ヨーロッパでは、「冷酷な客観法則」の別名である、として成立した。それは、「努力すれば報われる」などという甘い考えではない。いくら努力しても、どれほど苦労しても、報われない人は世の中にたくさんいる。いくらまじめに働いても金持ちにはなれない。このことを分かるということだ。そして、このことを指して「自然の法則、自然の掟《おきて》（natural《ナチュラル》 law《ラー》）」と言うのである。あるいは、ズバリと「市場（マーケット）」のことである。商品の値段を決める自由な市場のことである。さらには「疎外《そがい》 Entfremdung《エントフレムドウンク》〈独〉」のことである。そして、そのまま「構造（ストラクチュア）」のことなのである。「冷酷な客観法則《ナチュラル・ラー》」は人間たちによって変えることはできない。意思や希望や願望や夢などでは、どうにもならない。どうしようもなく私たちの人間世界のその外側に冷酷によそよそしく立ちふさがっているものが客観的法則である。そして、これがそのままキリスト教の神（God）であり、仏教の無量光（阿弥陀さま）のことである。

どんなに努力しても、どれほど真面目に働いてもほとんどの人間は金持ちになれない。これを「予定説《よていせつ》（予め《あらかじ》決定されている説）」という。ここでの予定《プレデスティネイション》とは私たちの日常の普通の予定、スケジュールという意味ではない。「予めすでに、その人が神によって救済されるかどうかは、神によって決められるのである」という思想である。これを〝大人の思想〟という。こうやってプロテスタント革命を16世紀（ちょうど500年前）に経て、ヨーロッパは近代（モダン modern）になったのだ。モダンもそれほど甘い考えではない。救済は簡単にはない、という予定説と共に始まったのだから。そしてモダンに入り初めて、まだたかが500年なのである。実は今でも私たちの日本は、まだ近代《モダン》（近代社会）に所属していない。だから、私たちはモダンというコトバの恐ろしい本当の意味が分かっていない。日本人にとってのモダンは、広島名物のお好み焼きの「モダン焼き」ぐらいでちょうどである。これ以上は説明しない。

ブッダがまだ生きていて72歳の時だった。当時、ブッダ教団は500人ぐらいの出家者の群れで、寄進された竹林精舎（ヴェニハナ・ビハール）で暮らしていた。この500人がのちに「五百羅漢《らかん》」になった。このブッダ教団（「サンガー」と言う）は、P88でも書いたがマガタ国のビンビサーラ王という自分たちのパトロン（保護者）の王によって保護されていた。ところが、ビンビサーラ王は、息子の1人のアジャータシャトル（アジャセ王）によって幽閉されやがて餓死させられた（紀元前476年）。ブッダ教団は、この衝撃的な政治事件に巻き込まれた。このときに、ブッダ教団は大混乱に陥ったはずなのだ。このときに悪人正機説が出現している。

『観無量寿経《かんむりょうじゅきょう》』の冒頭5行目からを引用する。

…爾時、王舎大城、有一太子、名阿闍世。隨順調達悪友之敎、收執父王頻婆娑羅、幽閉置於七重案内、制諸群臣、一不得往。國大夫人、名韋提希。恭敬大王、…

（副島隆彦が補足した訳）

…その時、王舎城《おうしゃじょう》（首都ラージャグリハ）に、一太子《たいし》（王子）がいました。阿闍世《あじゃせ》（アジャータシャトル）という名でした。調達《ちょうだつ》という名の悪友の教えに随順して、父王《ちちおう》である頻婆娑羅《びんばしゃら》（ビンビサーラ）を収執《しゅうしゅう》し（捕まえて）、幽閉《ゆうへい》して七重《しちじゅう》の壁を作った室内に置き、もろもろの群臣《ぐんしん》を制止して、一《ひとり》もそこへ往くことができなくした。このマガタ国の大夫人《だいぶにん》（王妃）を、韋提希《いだいけ》と名づく。この夫人《ぶにん》（王妃）は自分の夫である大王（ビンビサーラ）を恭敬《くぎょう》（敬愛していた）…。

このように紀元前476年に、この息子のアジャセ王による父王の殺害と、王位の簒奪《さんだつ》があったので、ブッダ教団（僧伽、サンガー）は大混乱に陥った。このときブッダは72歳で8年後にはブッダは涅槃《ニルヴァーナ》＝入寂＝死去する。だから、自分たちブッダ教団を熱心に保護してくれたビンビサーラ王の死を悲しんでいる暇もなく、自分たち自身の生存が危うくなった。このラージャグリハの都市の南に霊鷲山《りょうじゅせん》（グリッドラクータ山）という見晴らしのいい岩山がある。ブッダは主にこの山で、よく弟子や信者たちに説教していた。このことは『観無量寿経』や『維摩経《ゆいまきょう》』からわかる。

ちょうどこの同じ時期に、P73で前述したがデーヴァダッタ（提婆達多）というブッダ教団内部の分裂行動者となった残酷な男が、ブッダを殺そうとする事件も起きている。ブッダの周辺がそんなに禅定《ぜんじょう》に満ちた平安なものであったわけはないのだ。すべての仏教経典は、このあたりのことをごまかしている。私が事実関係をあれこれ仏典から調べてみても、ブッダが教団を作って、どんどん信者（帰依者）を増やしていった42歳から70歳ぐらいまでの30年間のブッダの言行録は、どの仏典にも書かれていないのである。不思議な話である。私はこのことが不愉快だ。シャカ一族（シャーキー族）。ブッダの血筋の人々。今のネパールの南のあたり）は、ブッダがまだ生きている間に、カピラバースト（ブッダが王子として生まれ育ったカピラ城）をコーサラ国の若い王に攻め滅ぼされている。コーサラ国王は、マガタ国に嫁いだ娘（王妃）を頼って逃げて来たが、城内に入れてもらえず死んでいる。このときたくさんのシャカ族も殺されているのである。現実の政治は冷酷に仏教思想などとは別個に、平然と行われていたのである。宗教の名でこの世のキレイごとばかりを信じるのはいけない。ブッダという人は確かにずばぬけて立派な人格者であったと思う。すべての暴力と諸欲望を否定し捨て去ったのだから。本人にはもはや何の迷いもなかっただろう。たとえ自分の一族の多くが殺されたと聞いても、もはや動揺しなかっただろう。そのために出家し、悟りを開いたのだから。だが、ブッダ教団に寄り集まった若い出家者たちは、こういう動乱の時代を青ざめて暮らしていたはずなのだ。だからこそ悪人正機説という思想を単純な考えで理解してはいけないのである。

ブッダ教団は、このあとどういう決断をしたか。それはまさしく悪人権力者の肯定であった。父親の王殺しを行って、次の国王となったアジャセ王に対して「そのようなあなたでも、それでもなお極楽に行けます」とアジャセ王にブッダはあえて言った。新王のアジャセは表面上は、自分の罪を悔いてブッダの元を訪ねている。アジャセはその言葉を聞いて、自分を受け入れてくれたブッダ教団を国外追放にすることはなかった。出家してすでに俗世界の論理から外れてしまっていた者たちには、現実世界の理屈は通用しない。ここに「悪人でもなお成仏できる。極楽に行ける」という悪人正機説の真のスゴサがあるのである。だから親鸞の跡継ぎで戦国時代の乱世を生きた蓮如たちには、浄土門＝本願寺派として、怖ろしいほどの決意が見られる。彼らは、一向宗の一向一揆の激しい政治闘争を戦い抜いて、戦国大名たちと互角に戦った。そして、かなりの数が殺されて全国各地で鎮圧された。それが日本における民衆救済思想の現実におけるすばらしい姿である。ここがまさしく宗教と政治思想の接点なのである。

親鸞《しんらん》の教え

「弥陀の本願」を唱えることによって、救済（サルベーション）されて極楽（天国）に行ける。この思想の日本における実践者である親鸞は、だから、現世の戒律など守らなくてもいいという結論に到達した。親鸞は「私、愚禿《ぐとく》（ハゲ坊主）の親鸞は、愛欲の果てを知ったので、すべての戒律を捨てて、尼さん（恵信尼《えしんに》）と結婚する」と言って、その通り実践した。親鸞が越後に流罪となった1207年頃だ。正確には親鸞は次のように書いている。「楽《らく》は即ち是れ愛《あい》なし。世を救い人を度《ど》す（許《ゆる》す）。慈《じ》を極《ごく》す。愛を極《きわ》む」（親鸞上人「教行信証《きょうぎょうしんしょう》」信巻《しんかん》）。こうして浄土真宗が成立したのだ。この親鸞の正直な行動は、ドイツの新教《プロテスタント》運動の指導者のマルチン・ルター（1483～1546）が、1520年ごろやはり尼さんと結婚して子供たちを作ったことと非常によく似ている。親鸞は仏教の戒律（256個ぐらいある）をすべて否定して、それでもなお守り通せるのは「自分と神（仏）との内面での正直な対話さえあればよし」とする思想に依った。だから、どんなに現世の法律を犯して親殺しの罪を犯してでも、なおさらに救われる（＝往生する）という思想に浄土宗は行き着いたのである。まさしくこれは、イエス・キリスト本人の思想である。大切なのは、神と自己の内面での対話だけである。ここが戒律重視のユダヤ教と決定的に違う。ローマ教会とも違う。神と自分の関係のみが大事なのであって、外側世界である現実世界のことは、どうでもいい、とまでイエスもブッダも至り着いたはずなのだ。

　ここで日本人にとっての「愛《あい》」というコトバの使い方について、少し触れておく。今の日本人には愛は英語のラブ（love）だ。しかし古くから日本人は、「愛」というコトバを「胸いっぱいに詰まる感情のこと」として使った。広辞苑にもそう書いてある。これは第2定義であり preman《プレマン》という。そして愛の第1義は煩悩渇愛《ぼんのうかつあい》（tanha《タンハー》）である。第3義が却《こう》（業《ごう》、Karma《カルマ》）である。第4義が慈悲《じひ》（あわれみ）である。愛についてはこれ以上は書かない。

　新約聖書（ニューテスタメント）とは「イエスという男の物語」だ。新約聖書は、マタイ伝（マシューの書）7章8節に「すべて求める者は得ることができる。捜す者は見いだす。門をたたく者はあけてもらえる」とある。ルカ伝（ルークスの書）5章31節〜32節に「そこでイエスは答えて言われた。健康な人には医者はいらない。医者がいるのは病人である。わたしがここに来たのは、義人（善人）を導くためではない。罪人をここに招いて悔い改めさせるためである」と書いている。このように『無量寿経』（阿弥陀経）の悪人正機説は、「悪人でも、神の国に行ける」というキリスト教の思想とそっくりだ。

キリスト（教）あるいはブッダ（＝仏）教における「愛」

ここで少し話を変える。それではキリスト（教）あるいはブッダ（＝仏）教における「愛」とは何か。私は、この「愛」というコトバの意味を10年ぐらい前から真剣に考えた。そして、この「愛」というものについて自分の他の何冊かの本にすでに書いた。それはこうだ。女たちにとって愛とは「その人（男）と一緒にいて、うれしいこと、楽しいこと」である。一緒にいて気持ちが良ければそれでいいのだ。ところが男にとって愛は、やはり女との性欲（愛欲）のことである。そのように書いた。男と女はやはり決定的に違う生物である。そこでイエスとブッダが説いた「愛」とは何か。グダグダは書かない。簡潔にズバリと書く。愛とは、自分たち貧しい人間を動物みたいに惨酷に扱わないでくれ、確かに能力がなくて愚かではあるけれども、それでも少しは大切に扱ってくれ、という貧しい者たちの必死の願いのことであった。それが「愛」の正体である。そして、イエスとブッダは本気で、この人々（衆生《しゅじょう》）を助けようとした。これが愛である。これが「愛」の思想である。だから、民衆救済の思想、マリア信仰そのものだ。このことを私は解明した。後世、私が死んだ後で私の業績として認めてほしい。

ここで、阿弥陀教《あみだきょう》（浄土宗）の謎も解明しておく。『阿弥陀経』は日本の浄土教の根本聖典である。『無量寿経《むりょうじゅきょう》』、『観無量寿経《かんむりょうじゅきょう》』とともに「浄土三部経」となる。

東アジアの民衆が、阿弥陀如来と観音菩薩と弥勒《みろく》菩薩にすがりついて生きようとした2000年近い人間の歴史を思うにつけ、この結論に至らざるをえない。そして、イエスもブッダも民衆を救済することはできなかったのだ。そして、そのあとに残されたものは、無惨にもそれぞれの宗派の僧侶（坊主）たちのために存在する巨大な宗教組織であった。彼らは問われれば必ず、自分自身のことを「修行中の身だ」と、しおらしそうに言う。必ず言う。大きな宗教団体として残ったプロの僧侶（聖職者）集団に私は一切、何も期待しない。私は、ただひたすら、イエスとブッダ本人にだけ問いかける。私は、ここまではっきり書く。

キリスト教と仏教は、同じである

キリスト教＝マリア信仰（崇拝、崇敬）がキリストの死後東へ東へと進んで、2世紀に中央アジア、北インドで仏教に変化した。そして、阿弥陀・観音菩薩・弥勒菩薩信仰となって生まれた。この時仏典（大乗仏教）がたくさん書かれた。それらは漢訳仏典（お経）となって中国に入った。このように考える。これはアリウス派のキリスト教である。

中国に伝わったキリスト教のことを景教《けいきょう》と言いネストリウス派のキリスト教だ、といろいろの本に書いてある。世界史の教科書にまで書いている。そうではない。中国に伝わったのは、ネストリウス派のキリスト教＝景教だという説を私は否定する。ネストリウス（381〜451）という人物は、コンスタンティノープルの大司教だった人で、イエスやマリアを人間だ、とした。そのため、エフェソス公会議（431年）で、異端《いたん》（ヘレシー heresy）と宣告され追放された。しかしネストリウス派はこのあとシリアのダマスカスで生き延び7世紀の唐の時代に中国に入った、とされる。私も北京で例の景教の有名な石碑を見た。しかし何度も前述したとおり、これよりもっと早く2世紀にはすでにキリスト・マリア信仰（民衆救済思想）は、爆発的な力となって、北インドで仏教と混ざった。そして阿弥陀さま、観音さまが出現したのである。

ローマ帝国では、すでに西暦325年にニケーア公会議（ニカイア信条）でアタナシウス派が主張した三位一体説《さんみいったいせつ》（トリニティ trinity）が採用された。コンスタンティヌス大帝（272〜337）自らが、このニケーア（ニカイア）宗教会議を開いて自分の目の前で大勢の神学者たちに大議論をさせた。その末に、「神と子と精霊」の3つのものを1つにまとめあげて、これを1つの大きなゴッド（God）とした。この三位一体説が現在に至るまでローマ・カトリック教会の中心に据えられた正当で正統（オーソドキシー）な教義であるとされる。

しかしこの「神（デウス）とその子（イエス）と精霊（スピリット）の三者が一体で神だ」というのは大変なごまかしの理論である。特に、3つ目の「精霊《スピリット》」は意味が分からないし、どこから出てきたのか、何の説明にもなっていない。

天なる父がいて、その子イエスがいて、そこに精霊をかませる、というのは荘厳な作り話だ。人間イエス・キリスト、その妻マリア、父ヨゼフ、母のマリアという、当たり前の真実を覆い隠してしまう詭弁《きべん》である。イエスもマリアも生身の人間であったとするのがアリウス派である。コンスタンティヌス帝自身もアリウス派であった。信仰している人の数も当時はアリウス派がずっと多かった。三位一体説《さんみいったい》のアタナシウス派が主流派となって、その後のローマ・カトリック教会をつくっていった。そして巨大な偽善（ヒポクリシー）の集団と化していった。

これと同じように仏教の中でも大きな変質が生まれた。素朴にブッダその人のコトバと生き方から学べば良かったのに、だんだんと荘厳なウソの大理論が作られて、次々と経典（仏典）となっていった。法華経という、なぜだか一番威張っている経典の中に、「観世音菩薩が現れて、この世を救う」と、ブッダから聞いたと、弟子のシャーリープトラーが書き残したとしてある。ブッダが生きた紀元前500年には、阿弥陀さまも観音さまも、まだ現れていない。そして今の中国の西方の敦煌莫高窟《とんこうばっこうくつ》に彼女たちは現れている。私は2011年にココを訪れて実際に見た。P51の写真の通り、お釈迦さまとその横にいるアーナンダ（阿難陀）とモッガラーナ（目犍連）と、そしてさらにその横にいる2人の女性である。彼女たちが、観音と弥勒（ミロク）なのだ。この2人の美女が、やがて民衆を助けに来る菩薩となったのだ。浄土宗の阿弥陀如来の系統とは違う。しかし、どちらも同じく救済の女神を信仰する仏教である。お釈迦さまその人は、このあと一体どこへ行ってしまわれたのか？

西暦752年に完成した奈良の東大寺の大仏は大日如来《だいにちにょらい》であり、盧舎那仏《るしゃなぶつ》である、と皆、知っている。そしてこの大仏はゼウスさまである。チベット仏教の曼荼羅図《まんだらず》で日本にも伝わった。これらを空海が持ち帰った。大仏とは、ゼウス（デウスDeus）のことだ。曼荼羅図の真ん中に大きくゼウス（大日如来）を置いて、その脇にゼウスの子としてのキリストという形になっている。ローマのサンピエトロ大聖堂の裏のヴァチカン美術館のシスチナ礼拝堂の天井壁画と同じ構図だ。だから、ゼウスの子どものイエス・キリストと同じ釈迦如来（お釈迦さま）である。

だから、この曼荼羅図に表れるチベット仏教とは、まさしくローマ・カトリック教会の教え（思想）そのものである。「神と子と精霊の三位一体」の図が、チベット仏教の曼荼羅図だ。チベット仏教は7世紀に生まれた新しい仏教だ。その前には存在しない。そして、チベット仏教の密教と、顕教という考えは、ローマ・カトリック教会がいう聖界《せいかい》（ディヴィニティ divinity）と俗界《ぞっかい》（セキュラー secular）の区別と、ものすごくよく似ている。空海が西暦806年に真言宗として日本に伝えた密教（天台宗の比叡山にも一応密教がある。台密《たいみつ》と言う）は、その正体はチベット仏教でありそれはローマ・カトリック教会のしくみそのものだ。

第八章

法華経を通じて見えてくる大乗仏教の正体

法華経について

「法華経」（妙法蓮華経）に本書で何十度と言及したので、ここで法華経から一番大事な箇所の原文を選んで載せる。

法華経は天台宗（比叡山延暦寺）が唯一、聖典にしている仏典だ。〝天台法華〟と呼ばれる。後の日蓮宗もここから分かれたと考えるべきだ。妙法蓮華教の「妙法」は、「正法《しょうほう》」でも同じである。竺法護《じくほうご》訳では「正法」だったのに、鳩摩羅什《くまらじゅう》が、さらに素晴らしいという意味で「妙法」とした。岩波文庫（１９６２年初刊、翻訳書）では、訳者の坂本幸男・岩本裕が、「正しい教えの白蓮」と訳している。サンスクリット語原典では「サッダルマ・プンダリーカ・スートラ（saddharma puNDariika-suutra)」である。それぞれの意味は、サッダ（sad）＝「正しい」「不思議な」「優れた」など、ダルマ（dharma）＝「教え」「真理」、プンダリーカ（puNDariika）＝「因果倶時・清浄な白蓮華」、スートラ（suutra）＝「仏の説いた経典」である。

そしてこの「プンダリーカ」が「パドメ」（padme）である。パドメは、「赤い蓮」や野山の「レンゲ（蓮華）草」のことも指す。そして、このパドメこそは、古い観世音菩薩

（観音さま）という女神なのである。

　私は「オン・マニ・パドメ・フーム」（On-ma-ni-padme-hum）というお経をヒンドゥー大学の学僧たちが、私たち観光客を相手にずっと唱えるのを、インドのヴァラナシー（ベナレス）で聴いた。5年前の2007年のことだ。そのとき以来、この真言《しんごん》（マントラ、真理のコトバ）が、ずっと耳から離れない。延々と2時間ぐらい、この「オン・マニ・パドメ・フーム」を学僧たちが読誦《どくじゅ》（声に出してお経を読むこと）、合唱して、ずっと繰り返すのを聴いた。ガンジス河（ガンガー）の船の上から岸辺（ガート）の学僧たちを見ていた。夜でかがり火もたくさんかざして、学僧たちがそれを手でぐるぐる回すものだから妙な興奮を覚えてきた。観光客の中から「もう帰ろ、帰ろう。これ以上、聴いていたら、引き込まれて頭がヘンになってしまう」と言い出す者が出てきた。

　この「オン・マニ・パドメ・フーム」、「蓮華の宝珠よ、幸いあれ」という読経がずっと唱名《しょうみょう》されていた、これは確かにヒンドゥー教なのだが、「拝火教《はいかきょう》」でもあると、とそのとき私は強く感じた。拝火教、そう、ゾロアスター教（Zoroastrianism ドイツ語＝西洋ラテン語なら、ツァラトゥストラ、ザラスストラ Zarathustra）なのだ。開祖のゾロアスターは紀元前7世紀後半（紀元前680年頃）のペルシャ高原の宗教家で、77歳で死んだとされる。彼が説いた、善と悪、光と闇の二元論《デュアリズム》（dualism）の宗教が世界中の大宗教に大きな影響を与えた。西の方へ行ってユダヤ教、キリスト教に、東の方へ行ってヒンドゥー教の原型であるバラモン教（ウパニシャッド思想）に強い影響を与えた。

ゾロアスターの100年後に、ブッダが出現している。私の考えでは、ブッダの思想はヒンドゥー教の中に入ったゾロアスター教（拝火教）であろう。善神アフラ・マズダ（Ahura Mazda）が悪神アフリマン（Ahriman）と戦って、アフリマンが敗れて、本領である暗闇の中に追いやられる、という教義をゾロアスターは宣言した。

そして観世音菩薩（観音さま）の正式名であるアヴァローキテーシュヴァラ（Avalokitesvara）は、このゾロアスター教の主神（善神）であるアフラ・マズダの長女で、人気のある女神のアナーヒターだというのである。この観世音菩薩＝アナーヒター説は、世界中の仏教学の辞書に書かれている。

だから、ペルシャ高原一帯で興り、帝都バグダッド（バビロン）でも栄えたゾロアスター教という宗教が、世界の大宗教の成り立ちを考える上で、最も重要ということになる。だからドイツの19世紀の大思想家のフリードリヒ・ニーチェの『ツァラトゥストラ（ゾロアスター）かく語りき』という思想書がものすごく重要だ、ということだ。ニーチェは全てを見抜いている。

ゾロアスター教がペルシャ高原から東の方へインド平原に入って、バラモン教（ヒンドゥー教）に打撃を与えたのだと、私は再度書く。西の方へ伝播《でんぱ》して行ったときに、このゾロアスター教の後継宗教であるマニ教（マニ〈210～276〉という預言者が作った）となった。このマニ教徒であった、キリスト教〝教父〟アウグスティヌス（354～430、北アフリカの出身）の『告白』（神学者のアドルフ・フォン・ハルナックによる『アウグスティヌス　省察と箴言』）が、今も世界中のまじめなキリスト教徒読書人たちに最も読まれている。正直なよい本だ。歴代のローマ・カトリック教会の教皇（法王）や大司教や枢機《すうき》卿《けい》たち（Cardinalis《カーディナル》、法王を選出するヴァチカン議会の議員である高僧たち。現在は177人）は、おそらく敬虔《けいけん》なキリスト教徒たちから『アウグスティヌス　省察と箴言』ほども慕われていない。尊敬と敬愛の念を素朴に民衆から抱かれない指導者（権力者）は指導者ではない。人々の尊敬がなければ、権力もない。正しい権力ではない。

観音経は法華経の一部

そして、観世音（観自在）菩薩をひたすら祈りの対象とする（ブッダその人よりも！）のが『観音経』というお経である。そして繰り返すが、この『観音経』という仏典は、「法華経の第25章」のことなのである。正式名称は「妙法蓮華経観世音菩薩普門品《ふもんぼん》第二十五」

という。この「普門品第二十五」が、観音経なのである。だから、天台宗（比叡山）も、日蓮宗も、その他の法華経を自分たちの聖典とする宗派はすべて、観音さま＝アヴァローキテーシュヴァラ＝マリアさまを、ひたすら崇拝している仏教である。

この「妙法蓮華経観世音菩薩普門品第二十五」は、岩波文庫版では、「下巻」のP242から始まっている。これの翻訳文は、「あらゆる方角に顔を向けたほとけ」となっている。「あらゆる方角に顔を向ける」とは、観世音菩薩が33の顔を持つとされるいわれからだろう。この「普門品第二十五」の冒頭1ページを岩波文庫から以下に引用する。これがまさしく「観音経」である。

妙法蓮華経観世音菩薩普門品第二十五

爾時無尽意菩薩。にじむじんにぼさつ　即従座起。そくじゅうざき

偏袒右肩。へんだんうけん　合掌向佛。がっしょうこうぶつ

而作是言。にさぜごん　世尊。せそん　観世音菩薩。かんぜおんぼさつ

以何因縁。いがいんねん　名観世音。みょうかんぜおん

佛告無盡意菩薩。ぶつごうむじんにぼさつ　善男子。ぜんなんし

若有無量。にゃくうむりょう　百千萬億衆生。ひゃくせんまんのくしゅじょう

受諸苦悩。じゅしょくのう　聞是観世音菩薩。もんぜかんぜおんぼさつ
一心称名。いっしんしょうみょう　観世音菩薩。かんぜおんぼさつ
即時観其音聲。そくじかんごおんじょう　皆得解脱。かいとくげだつ
若有持是。にゃくうじぜ　観世音菩薩名者。かんぜおんぼさつみょうじゃ
設入大火。せにゅうだいか　火不能焼。かふのうしょう
由是菩薩。ゆぜぼさつ　威神力故。いじんりきこ　若為大水所漂。にゃくいだいすいしょひょう

（読み下しの訳文）

その時、無尽意菩薩《むじんにぼさつ》は即ち座より起《た》ちて偏《ひと》えに右の肩を袒《あらわ》し、合掌し、仏に向いたてまつりて、この言《ことば》を作す「世尊よ、観世音菩薩《かんぜおんぼさつ》は何の因縁《いんねん》を以って観世音《かんぜおん》と名づくるや」と。

仏は無尽意《むじんに》菩薩に告げたもう「善男子《ぜんなんし》よ、若し無量百千万億《むりょうひゃくせんまんのく》の衆生《しゅじょう》ありて、諸の苦悩を受けんに、この観世音菩薩を聞きて一心に名《みな》を称《とな》えば、観世音菩薩は、即時《ただち》にその音声《おんじょう》を観《かん》じて皆、解脱《まぬが》るることを得せしめん。若しこの観世音菩薩の名《みな》を持《たも》つものの有らば、設《たと》い大火に入るとも、火も焼くこと能わず、この菩薩の威神力《いじんりき》に由るが故なり。若し大水のために漂《ただよ》わされんに」。

二四　あらゆる方角に顔を向けたほとけ

そのとき、偉大な志を持つ求法者アクシャヤ＝マティ（無尽意）は座席から立ち上がって、上衣を一方の肩だけにかけ、右膝を地面について、世尊（おそらく龍樹《ナーガールジュナ》のこと。仏陀《ブッダ》ではない。副島隆彦説）に向かって合掌し、世尊にこのように語った。

「世尊よ、如何なる理由で偉大な志を持つ求法者アヴァローキテーシュヴァラ（観世音）は、アヴァローキテーシュヴァラと呼ばれるのですか。」

この言葉を聴いて、世尊は偉大な志を持つ求法者アクシャヤ＝マティに次のように語った。

「この世において、幾千万億という人間がどのような苦悩を嘗《た》めていようと、もしかれらが偉大な志を持つ求法者アヴァローキテーシュヴァラの名を聴くならば、かれらはすべてその苦悩の集積から解き放たれよう。また、偉大な志を持つ求法者アヴァローキテーシュヴァラの名を心にとどめている人々は、たとえ大火の中に墜ちこんでも、かれらはすべて偉大な志を持つ求法者アヴァローキテーシュヴァラの威光によって、この大火から救い出されよう。また、人が河に流されることがあっても。」

法華経の一部である観音経とは、このようなものだ。全編この感じだ。その内容のほとんどは、「ただひたすら観世音を拝め。そうすれば、あまねくその功徳（慈悲の力で）が得られるだろう」というものである。これを「偈《げ》」、すなわち、詩、韻文として読み、読経《どきょう》（読誦《どくじゅ》）する。やがて感興《かんきょう》が極まって、涙が流れて「ラクダの隊商の商人たちも、アヴァローキテーシュヴァラの名を讃えて唱和した」となって、それでいいのだ。それでいいのだが、私は、つき合いきれない。こんなお経がなぜ、それほどに仏教最大の聖典なのかと思うと、情けなくなる。どうして、こんな文章をこの1000年以上、自分が日本では一番頭がいいと思い込んだ人間たちが比叡山に登って仏僧になったとき、「この法華経が最高の真理の書だ」と皆で信じ込んで、そして天台法華、あるいは日蓮宗の僧になったのか。この「法華経が最高の仏典だ」という伝説は江戸時代前半までずっと続いた。勉強秀才で最高の知識があると周りから思われたい人間は、この法華経に浸った。そしてやがて嫌われていった。

私は今に至るもこれの何がそんなにスゴいのか分からない。分かったふりならできるが、どうせ分からない。

あれこれ読むと、阿弥陀如来（アミタユース）の左脇侍《わきじ》（脇士《きょうじ》）とされるのが観音菩薩である。そして、大勢至菩薩《だいせいしぼさつ》という、もうひとり訳の分からない菩薩が出てきてこれが右脇侍である。これで「阿弥陀三尊像」という。これは明らかに「釈迦三尊像」（宗派によって、さまざまあるが、展型はブッダの脇侍は、忠実でまじめだった阿難〈アーナンダ〉と、バラモン出身の大迦葉《だいかしょう》〈マハーカッサパ〉である）のコロラリー（類推）として生まれたものだ。阿弥陀と観音の出生についてや、互いの関係については、いくら調べてももうこれ以上は分からない。

P51の写真の通り、敦煌莫高窟《ばくこうくつ》（第45窟）の釈迦7人像では、釈迦のすぐ両隣が弟子、その次に2人の美人の女神（比丘尼《びくに》）がいる。これが、観音と弥勒であろう。そして、さらにその外側に、2人の鬼のような顔をしたガードマンがいる。邪鬼《じゃき》を足元に踏みつけている。これが「天《てん》」とか「明王《みょうおう》」と呼ばれる軍人、護衛兵の仏《ほとけ》像だ。日本では、この軍人ガードマンの神のうち毘沙門天《びしゃもんてん》と不動明王《ふどうみょうおう》がことさら有名である。すべてヒンドゥー教の神たちである。それが日本にまで流れ着いただけのことだ。ゴータマ・ブッダの教えに「天」とか「明王」とかはない。そして、なぜか江戸時代になって、「七福神」信仰と共に、このヒンドゥー教の神さまたちが、民衆仏教として、参拝の対象になった。東京でなら、目黒不動尊（瀧泉寺《りゅうせんじ》〈天台宗〉）や、柴又帝釈天《たいしゃくてん》（経栄山題経寺《きょうえいざんだいきょうじ》〈日蓮宗〉）や、神楽坂毘沙門天《びしゃもんてん》（善國寺《ぜんこくじ》〈日蓮宗〉）である。

なぜ、江戸時代になって、この「天」や「不動」の寺がそんなに流行、隆盛したのかは分からない。使い古されて、古臭くなった阿弥陀さまや観音さまでは詰まらなくなって、人々と坊主が新奇なものを求めて呪《まじな》い・占いの対象として流行したのだろう。私は素朴な民衆信仰にまで、あれこれ文句を言うつもりはない。

インドのヒンドゥー教（バラモン教）の神々については、このあとP２０１で有名で代表的なものたちだけを、まとめて簡単に説明する。

前述したマニパドメの話に戻る。マニは、妙法（正法）（＝真理、宝）で、パドメは「白い蓮の花（赤でもいい）」のことである、と書いた。だから、マニパドメが「（妙）法（蓮）華経」そのものを指すことが分かった。岩波文庫では、「正しい教えの白蓮」と訳している。そして、この白蓮（パドメ）が、まさしく観世音（観音さま）という女神である。本書でここまで突き止めた。だから「法華経」という経典は、全体として観音さま（アヴァローキテーシュヴァラ・パドメ）を拝んでいる仏典である。

きっと紀元前7世紀のゾロアスター教の女神であるアナーヒターが、ペルシャ高原からインドにまで伝わり、それが当時のヒンドゥー教（バラモン教）の中で人々に絶大な人気が出て、女神（聖女）崇拝の対象になったのだ。ゾロアスター（教）よりも１００年後の人であるブッダもヒンドゥー教の修行者の１人として、当然、この「オン・マニ・パドメ

（女神、アヴァローキテーシュヴァラ）・フーム」（南無妙法蓮華経）という呪文、真言（マントラ）、偈《げ》＝韻文を唱えたのだ。

そして、ブッダから650年後に龍樹が大乗仏典の1つとしての『般若心経』を書いたとき、冒頭に出てくる観音さまは、元々はパドメ（白い蓮の花の女神）であったのだが、当時、西方からアジアに押し寄せて来て大流行していた女神マリアに取って代わられ、姿を変えたのだろう。私は、だから、もうここまで来ると、「北パキスタン（ガンダーラ）で仏教の中にキリスト教が混ざった」という考えさえ採らない。

人類救済を熱望する人々の強烈な女神信仰は、爆発的な人気を得て、ものすごい勢いで広まったはずなのである。これが、紀元100年（106年に史上初めての仏像が彫られている）から150年にかけて成立した大乗仏教（大乗仏典を作る運動）である。

そして、このパドメ（白い蓮の女神、観世音菩薩、観音さま）は、映画『スターウォーズ（エピソード1、2、3）』（ジョージ・ルーカス監督）の中で、鮮やかに蘇《よみがえ》っている。『スターウォーズ』の一作の中で、パドメは、自分が仕える女王であるクィーン・アミダラ（阿弥陀羅女王）を警護する侍女《じじょ》の役目として登場した。アミダラ女王と侍女パドメの二役をイスラエル出身女優のナタリー・ポートマンが演じた。アミダラにパドメが入れ替わることで女王が命を落とすことから逃れる。パドメの方が、本当のアミダラ女王だと分かる。

女王アミダラは、侵略されて今にも滅びそうな自分の惑星ナブー（Naboo）を守るために自ら帝国軍に必死の戦いを挑む。

今のアメリカ帝国（世界覇権国）のジョージ・ルーカス監督が、ここに阿弥陀如来（アミダラ）と観音菩薩（パドメ）のアジアの2人の仏教の女神を出現させる脚本と構成を作った。私はこのことに、歴史の「時空を超える力」を感じる。歴史の勉強とは、まさしく「時空を超えること」である。優れた歴史の本だけが、確かに時空を超えることができるのである。私たちは、２０００年の時を歴史の物語《ストーリー》の力で一瞬にして超えることができる。

「オン・マニ・パドメ・フーム」の呪文、真言《しんごん》がアジアの各国で今も唱えられていることを私は、自分の体で確認した。ネパールでも唱えられていた。だから、チベット仏教（ラマ教）でも唱えられている。そして、このことを２００９年にモンゴルに行って、首都ウランバートルで確認してきた。ベトナムでも唱えられていた。マレーシアでも唱えられていた。通訳を含めた現地の人々に確認した。そして、やはり宗派が違うらしいのだが、「オン・アミダラ・フーム」（南無阿弥陀仏）という呪文も、アジア各国で唱えられていることもほぼ確認した。各国での宗派の分裂のことまでは分からない。

第九章　現代の阿弥陀如来の姿

インドの神さまたち

ヒンドゥー教は、4000年ぐらい前にガンジス川の周辺ででき上がった思想だ。紀元前1200年頃に『リグ・ヴェーダ聖典』が生まれている。その内容がウパニシャッド哲学だ、と高級そうに言われる。しかしそれに強い影響を与えたゾロアスター教はブッダの時代よりも、わずか100年ぐらい前に書かれたものだ。前述したこれらのウパニシャッドの文献は、サンスクリット語で書かれている。サンスクリット文字のことを中国で梵語《ぼんご》と言う。インド・ヨーロッパ語族系（このアーリア族がインドに来たのは紀元前1500年頃）だから、アルファベットに似た文字である。それでヒンドゥーイズム（インド教、インド主義）が成立している。ブッダたちが実際に話したというパーリー語は文字がなかったらしい（本当か?）ので、サンスクリット語で書かれた仏典が中心である。私には「パーリー語の仏典」という意味が分からない。19世紀になってから、大英インド帝国を支配したイギリスの、イギリス人仏教学者たちが英語のアルファベットの表記に書き写したという。大英帝国は全ての仏典を英語訳にしている。ヒンドゥー教は、宗教というよりもインド民族の習俗と文化の集大成のような思想である。

ここからヒンドゥーの神々のことを大まかに説明する。彼らの姿は仏教の中に入り込んで、日本にまでやって来た。非常にわかりやすい神様たちである。まず、最大の神さまであるシヴァ神とその奥さまであるパールヴァーティーという女神がいる。このシヴァという男が大王で、おそらくギリシャ神話のゼウスに相当する。3つ目の目を持っていて、虎の皮に座って、コブラを首に巻いていて、三つ叉の剣を持っている。これがヴァラナシー（ベナレスの町）をつくった神様である。ヴァラナシーそのものということにもなっている。したがって、インド人は聖地ヴァラナシーの町そのものを崇敬している。

その奥さまである優しい王妃であるはずのパールヴァーティーは、女の本性《ネイチャー》を表すらしく、なんとあと2つに姿を変える。化身する。1つ目がカーリー神と言われている。ヒンドゥー教には「宇宙の真理そのものを表す」とされるブラフマンがある。しかし、妙なことにこのブラフマンは、神あるいは悪神の集団の姿も取る。そのブラフマンを神格化したブラフマンの1人とシヴァ神（大王）が大ゲンカした。その時、パールヴァーティーは、自分の夫であるシヴァの味方をして、カーリー神という恐ろしい〝鬼の女の姿〟になる。そして、このブラフマンの1人の首を切り落として、それを手づかみにしている姿の女の神様がカーリー神である。

もう1人、ドゥルガーという女神もいる。これも王妃のパールヴァーティーの化身だ。

これも髪を逆立てて、口から火を吐いて舌を出している恐ろしい女神である。簡単に言えば、女はやっぱり恐ろしいという思想を表しているのだろう。私も賛成する。

このカーリー神とドゥルガー神の方がインドの民衆には好かれているようだ。インドの小さな村々では、これらの鬼女神を祀《まつ》っている。

もう1つ、象の顔をしたガネーシャという神様がいる。諸説あるが、シヴァとパールヴァーティーが寝ていたとき、子供のひとり（幼児）が横で、ぐずぐずとぐずった。怒ったシヴァがその子供の首をはねてしまった。慌ててそばにあった象の首をその上にくっつけたという神様だ。これがガネーシャという象の頭をした神様で、インドでは商売と学問の神様として大事にされている。これが仏教の中では普賢菩薩《ふげんぼさつ》となる。象の台座に乗っている菩薩である。ガネーシャは現世ご利益《りやく》、商売繁盛、一族繁栄の神様として崇拝されている。

この外に、ヴィシュヌ神と、その妻のラクシュミーという女神がいる。これは、美男子と美人の神様で夫婦である。このハンサムなヴィシュヌ神は、長編叙事詩『ラーマーヤナ』に出てくる主人公のラーマー王子であり、これがヴィシュヌである。

このヴィシュヌが乗っている乗り物がガルーダで、これはインドネシアの飛行機会社の名前と同じである。鳥人《ちょうじん》（鳥の形をした人間）で、乗り物の神様である。インドネシアは、イスラム教の国であるが、実は今のインドネシア人とマレー（マレーシア）人はもともとはインド人の一種なのである。どちらもマラヤ人と言う。したがって、インドネシアもインドのヒンドゥー教が下地にある。後にイスラム化した。

女神のラクシュミーは美人で、幸福の神様と言われている。これがチベットや中国経由で日本にやってきたとき、吉祥天女《きっしょうてんにょ》になった。

ハンサムな神様のヴィシュヌ神の化身がクリシュナだ。先述した『ラーマーヤナ』と並ぶインド2大叙事詩のもう1つの『マハーバーラタ』の一部である『バガヴァッド・ギーター』に出てくる男の神様である。このクリシュナが、ラーダーという大変な美女を誘惑する恋物語が有名である。美男のクリシュナは、日本でも名前だけは知られている。

もうひとりサラスヴァティーという女神がいる。琵琶《びわ》に似た弦楽器を弾き、芸術の女神ということになっている。この女神が、日本に伝わったとき弁財天《べんざいてん》または、弁天様《べんてんさま》になった。芸能人や女優の系統だ。したがって、日本の七福神《しちふくじん》は、このようにヒンドゥー教の影響を受けている、というよりもインド教（ヒンドゥー）の神様たちそのものだ。江戸時代になってから七福神は大いに参拝された。

サラスヴァティーは、ちょっと娼婦っぽい、商売女みたいだ。この女神を、ブラフマンという悪神の集団の1人が無理やり自分の奥さまにしてしまった。ヴィシュヌ、ラクシュ

クリシュナ神（右）とラーダー　　© V&A Images/amanaimages

ミーに比べると、わいせつで色っぽい女神がサラスヴァティーで、芸能人の色男の方がクリシュナである。現地の今のインドの民衆には、それほど好かれているようには見えなかった。

この女神サラスヴァティーと悪人のブラフマンの間に生まれた息子のマヌというのが、人間の始まりということになっている。大王シヴァ神の化身の1つにマハーカーラがいる。これが大黒天《だいこくてん》である。密教の伝来とともに日本にも伝わり、東京の神田明神《みょうじん》の大黒天に代表される。この他にも金比羅様《こんぴらさま》として親しまれる香川県の金刀比羅宮《ことひらぐう》は海上交通の守り神として信仰されている。これもヒンドゥー教から来ている。ガンジス川（ガンガー）の女神の乗り物がワニでクンビーラという。このクンビーラが金比羅である。以上がヒンドゥーの神様たちの主要なものである。

それでもヒンドゥー教よりもメソポタミア文明（とペルシャ高原）の方がやはり起源が古く、天地創造や、ギリシャ神話の影響もある。

大日如来《だいにちにょらい》はチベット仏教で密教の仏様

Ｐ22で説明したがチベット仏教に密教がある。密教はチベット仏教が作ったのだ。密教とは、僧侶たちだけが独占する難しい仏教である。密教では釈迦の他に大日如来という別の大きな仏さまがいる。チベット仏教の曼陀羅図《マンダラ》の真ん中に、でーんといるのは大日如来である。

密教には「マントラ」（真言《しんごん》）すなわち、真理のコトバというものがある。マントラは真理の呪文でもある。密教は前述した通り、大日如来を本尊として宇宙を想定する宗派である。８０６年に空海が伝えた真言宗《しんごんしゅう》が大日如来を教主とする。ではこのとき、ブッダはどうなるのか。ここで、阿弥陀、観音問題と同じことが起きる。空海は朝廷の保護を受けて和歌山県の真ん中の高野山《こうやさん》に金剛峯寺《こんごうぶじ》を建立し、京都の町中の東寺《とうじ》（教王護国寺《きょうおうごこくじ》）をも真言道場とした。京都の西方の高雄山《たかおやま》にも神護寺《じんごじ》を作って、そこにもいた。真言密教は、加持《かじ》・祈禱《きとう》を重んじ、これを僧侶たちだけが独占し実践する。密教に対して顕教《けんきょう》がある。顕教とは言語や文字で明らかに説いて示された教理で、在家の信者たちが信じればいいことにした。もっと簡単に言えば、平信徒たちは『般若心経』程度を繰り返し唱えることができれば、それで十分だ、とした。きわめてプロフェッショナルである僧（出家者）たち重視の宗教である。顕教と密教で、顕密《けんみつ》の二教と言う。

この他に東京の池袋近くの豊島区雑司が谷《ぞうしがや》に鬼子母神《きしもじん》堂がある。神なのに、これを法《ほう》明寺《みょうじ》という寺で祀《まつ》っている。

鬼子母神というのは、インドのハーリティーという女神である。ハーリティーは500人の子の母でありながら、常に他人の子を捕まえて食べてしまう残忍な鬼の女である。そこでブッダがヒンドゥーの最高神（シヴァ）に頼んでハーリティーが最も愛していた末子を隠して、子を失う母親の苦しみをハーリティーに悟らせた。そして仏教に帰依させ、逆に子供と安産の守り神となったとされる。人間は素朴にこういう話が好きである。

作家の遠藤周作《えんどうしゅうさく》（1923〜1996）氏が、インド旅行をして、ヴァラナシーまで行って、このハーリティーあるいはチャーナンダーという壮絶な鬼の女神の話に出会った。この女神を研究して書いたのが『深い河』（講談社、1993年刊）という小説であり、彼の代表作の1つである。インドのすべてを飲み込み流してゆく大河ガンジスのほとりの物語で、映画にもなった。遠藤周作はカトリックのキリスト教徒であるが、「日本人でありながらキリスト教徒である矛盾」を感じ、最後まで自分の信仰そのものと格闘した。だから『深い河』のテーマは、自分の死期を悟ったあるインド人が最後はヴァラナシーにたどり着いて、貧しさのために葬ってもらえなかった行き倒れの人たちの死体を運び、火葬してガンジスに流す仕事をする。そういう人間を描いている。

実際のヴァラナシーは、戦前はインドすべてのマハラジャ（藩主クラスの王様たち）たちの邸宅が河沿いに立ち並んでいた美しい町だった。ところがイギリスからの独立後はマハラジャたちの信仰心が衰えたのか、ガートと呼ばれる河岸も荒れ果てて、ぞっとするぐらいに穢《きたな》い面も持つ観光地になっている。ヒンドゥー教の最大の聖地である。

高野聖《こうやひじり》と言われた半分僧侶で半分武士（だからまさしく山伏《やまぶし》である）のような半僧半俗の人々がいた。高野聖は、全国を行脚し、伝道のためと勧進《かんじん》（帳）という寄進、寄付金を集めて回ることを目的に、高野山（真言宗）から派遣されたことになっている回国の半俗僧たちだ。全国を流浪すること自体が修行であると自称した。全国にネットワークの宿泊先があっただろう。西行《さいぎょう》法師のような元武士の者たちであっても出家者となって流浪した。

日本に空海が持ち込んだ真言宗（本当はチベット仏教）の最高経典は『大日経《だいにちきょう》』と『金《こん》剛頂経《ごうちょうきょう》』である。チベット仏教（ラマ教）は、どのように成立したか。今のネパールの北側のヒマラヤ山脈一帯とその北側がチベットである。最高峰はエベレスト（中国名はチヨモランマ、８８４８メートル）である。チベット仏教は7世紀に始まった。それ以前には、チベットには仏教は入っていない。吐蕃《とばん》王国の時代にインドから伝わり、ラサの都を中心に発展した大乗仏教の一派である。だから、玄奘がインドにいた６４０年頃に、後期インド仏教の教理がチベットで密教を作った。チベット仏教の密教は頑《かたく》なに僧侶中心主義の祈禱宗教である。呪術と儀礼を強調する。輪廻転生にこだわって自分たちの教主を「仏の生まれ変わり」として崇める。「生き神さま」信仰である。サウジアラビア王国やタイの王室や日本の戦前までの天皇崇拝と同じ、生き神の国家体制（神権《しんけん》政治、神聖《しんせい》政治、テオクラシー〈theocracy〉またはシオクラシー）である。この点はデモクラシー（民衆代表制政治体制）からは強く批判されるべきだ。現在は、ダライ・ラマ14世がチベット人の亡命政権をインド北部のダラムサラに作って、中国共産党の支配と闘っている。もうあまり勝ち目はなさそうだ。何故なら全く働きもしない僧侶たちを何万人も抱えている亡命政権だからだ。

密教とは何かに、たいした意味はない。私は秘儀秘伝の教えというものをもはや信じない。護摩《ごま》を焚《た》く儀式に則《のっと》った加持《かじ》・祈禱《きとう》を行い、病気快癒のお祈りをすることが中心である。したがって、私は密教なるものをあまり大事に思わない。お釈迦さま（ゴータマ・ブッダ）は、そんなことをしなさい、とは一言も言っていない。チベット密教（真言宗）は、大乗仏教の代表的な経典である『法華経《ほけきょう》』の中の第23章「薬王菩薩本事品《やくおうぼさつほんじほん》」と、第26章の「陀羅尼品《だらにほん》」を重要視する。そして、これらの中の真言（マントラ）や陀羅尼（という呪文）を唱えることで、神通力（超能力）が修行者（僧）に生まれて、神仏の加護が得られるとしている。『法華経』の第16章「如来寿量品《にょらいじゅりょうほん》」に書かれる「久遠実成《くおんじつじょう》の仏」として釈迦を神格化することで、その「法身《ほっしん》として大日如来の出現」なるものを主張している。

それに対し天台宗（比叡山延暦寺）は、空海の真言宗と議論対立する。天台宗では、「法華経」の「久遠実成」による釈迦如来と、『大日経《だいにちきょう》』『金剛頂経《こんごうちょうぎょう》』の大日如来を同体（同一物）と考える。護国経典（国家鎮護《ちんご》の仏典）として知られている『金光明経《こんこうみょうきょう》』では、曼陀羅《まんだら》絵そのものを描くことが重要だと説かれている。そしてその中心にいるのは釈迦如来ではなく大日如来である。

『大日経』と『金剛頂経』は、ヒンドゥー教の神々を仏教の中に取り入れ、それを曼陀羅の宇宙観の中に、序列化した。どちらも加持・祈禱の宗教である真言と天台の密教は、この生身のまま現世で仏になるという「即身成仏《そくしんじょうぶつ》」を唱える。

大乗仏教（マハーヤーナ）は早くも3世紀には、ヒマラヤ山脈をグルリと西の方（パミール高原）を大回りして、初めはヒマラヤ山脈の北側の西域南道《さいいきなんどう》を伝って中国に伝わった。その後、玄奘の頃の7世紀には天山《テンシヤン》北路と南路、即ちタクラマカン砂漠の北側を越えて中国に入り、そして日本にまで来た。百済の聖明王から大和朝廷に経典と僧が贈られた。これらはすべて大乗系である。でも、ほんの一部は小乗系も入ってきている。

大乗に対して、「ヒーナヤーナ」（人々を救わない、自分ひとりしか乗れない小さな舟の意味）と呼ばれるのが小乗（上座部《じょうざぶ》）仏教系である。小乗仏教はスリランカ（セイロン）からタイ、ミャンマー（ビルマ）、ベトナムの方へ伝わっていった。総称して南伝上座部という。大乗と違って、出家者（僧）の自己ひとりの悟りへの修行を大事にする。

私は、やっぱりヒーナヤーナ（小乗仏教）がゴータマ・ブッダの教えを守っている仏教だと思う。だから、「大乗仏教は仏教ではない」という大乗非仏論が明治大正時代に出現した。仏教史学者の村上専精《むらかみせんしょう》が1903年に『大乗仏説論批判』を著した。明治になってから禅宗の僧たちが「やっぱりそうだったのか」と気づいた。禅宗は僧である己ひとりの自力での救済しか求めない。P104で書いた。だから禅宗というのは、本来の「小乗帰り」である。私は、そのように大きく気づいた。この気づきには、やがて日本の禅僧の中から理解者が出てくるだろう。こういうことを日本国民に、はっきり教えるべきだ。お釈迦さまその人の思想と大きくかけ離れてしまっているものを明確にしなければいけない。

中国で6世紀に生まれた禅宗は、10世紀からの宋《そう》朝と、それの南への亡命政権である12世紀からの南宋《なんそう》帝国で流行した。日本には鎌倉時代に伝来して栄えた。北方遊牧民族の遼《りょう》や金《きん》（女真《じょしん》、満州族）そして元（モンゴル族）の南下に追われて南に移った南宋という漢民族の亡命政権の仏教思想だ。禅宗は、風流と高雅を愛する「竹林の七賢」を理想とするから、士大夫《したいふ》と呼ばれる中国の土着の知識人階級に支持された。これに対し、禅宗の高級仏教になじめない庶民は、やっぱり阿弥陀さまのような人格神に救済を求める浄土信仰に向かっただろう。

禅宗は、ひたすら座禅をすることと、「公案」で激しく議論すること以外には、何もしない。日本の禅宗の坊主たちは、そのことを知っている。優れた禅僧なら「自分たちは何も信じていない。お釈迦様さえ信じていない」とはっきり言うだろう。

空海と同じ遣唐使船で中国に渡った（804年）最澄《さいちょう》によって日本へもたらされた天台宗の方は、何度でも書くが法華経を根本経典としている。法華経は観音さま信仰だから民衆救済思想である。

ブッダ入滅（紀元前483年）後、仏典結集《ぶつてんけつじゅう》が4度行われたとされる。1回目はブッダの死後すぐに行われ、側近だったアーナンダ（阿難）を中心にして開かれた。ただし、バラモン階級出身ではないアーナンダはパーリー語（文字はない。話し言葉だけ）しかできなかったから、初期仏典がどのようにして書き残されたのか分からない。2回目は、その100年後らしい。3回目が紀元前3世紀半ばのアショーカ王（マウリア帝国）のときだ。4回目が紀元後2世紀のカニシカ王の時代だ。カニシカ王のクシャーナ帝国は大きな帝国だったようで北パキスタン（ガンダーラ）までを支配した。この時、大乗仏教（本体はキリスト教）が生まれた。仏典結集というのは、お坊様たちが集まって、仏教の経典を集成・習合して、何が一番すばらしいお経か、何が一番正しい教え（考え）かを確認しあってする仏典の編集作業である。

仏典はどれも古くさくて、難しいことばかり書いてあって、やっぱり、訳《わけ》が分からない。だから日本では江戸時代中期（1700年から）になって、下級武士層や豪農、豪商の息子たちで、頭のいい、知識（真理）喝望《かつぼう》で本を読めるようになった人々が、仏教に対して怒りだした。「坊主たちは訳の分からないことばかり唱《とな》えるな。何時間も全く意味不明なお経ばかり聴かされて、もう我慢できない」と、だんだん少しずつ怒りが溜まった。この仏教への怒りが幕末に国学と神道の人気を作っていったのである。そして日本民衆の仏教（お寺）への怒りが遂に爆発した。それが、明治初めの「廃仏毀釈《はいぶつきしゃく》」の破壊活動である。明治新政府が神道国家を目指し、暗に廃仏《はいぶつ》を促進したので、これに乗じて民衆のお寺への怒りが暴動と化した。仏像を壊され寺を焼かれた寺院は全国にたくさんある。

「坊主たちは訳の分からないことばかり言うな」と、江戸時代中期の思想家である富永仲《とみながなか》基《もと》が言った（1740年頃）こともその発端である。富永の重要性についても、私は前掲『時代を見通す力　歴史に学ぶ知恵』（PHP研究所、2008年刊）で詳しく解説した。そしてそれが幕末に平田篤胤《ひらたあつたね》の『出定笑語《しゅつじょうしょうご》』となって爆発した。これが討幕、尊皇攘夷《そんのうじょうい》運動の原動力の政治パンフレットとなった。

仏教の経典（お経）は、今も日本人にとって全く意味不明のままである。今のお坊さまたちはただの庶民に成り果てている。いまどき僧侶で本物の知識人である人など全くいない。たった一行で言えることを、明確に一行で言わない。言おうとしない。わけがわからない難解なだけの教理を説こうとする。「仏教とは何か。それはブッダ本人の言葉と行動のことである」と言えばいいのに、言えない。東京大学で仏教を研究する学者たちは、文学部インド哲学仏教学科（略して印哲《いんてつ》と言う）に所属する。この歴代の東大印哲《いんてつ》の仏教学者たちがやることは、文献考証学《ぶんけんこうしょうがく》である。仏典の翻訳と正確な解説だけだ。

中観派《ちゅうがん》の「色即是空《しきそくぜくう》」という思想が、それなりにすばらしいものであることは前の方で書いた。私はもう嫌いになったが。そして、これはナーガルジュナ（龍樹《りゅうじゅ》）という男が西暦150年ごろに作った思想である。ブッダが死んで650年後の人だ。この龍樹の「空《くう》」理論がインド全体で、600年頃に大きく隆盛していたのだろう。だから、玄奘三蔵《げんじょうさんぞう》（三蔵法師《さんぞうほうし》）が、4000㎞を踏破して、ナーランダ学院《ビハール》まで行って、大流行していたこの大乗仏教を一生懸命に学んだ。そして、帰国後に大翻訳事業を行って中国でも大繁栄した。

日本の現在の仏教学を批判してきた優れた仏教学者がいる。曹洞宗（禅宗）のお寺さんが経営している駒澤大学の教授である、袴谷憲昭《はかまやのりあき》（1943〜）という学者で『批判仏教』（大蔵出版、1990年刊）という本を書いて、日本の仏教（学）批判をした。日本の仏教学を批判して、「こんなものはお釈迦さまの教えとは、異なる」と書いている。袴谷憲昭氏が批判したのは、今の日本の仏教界を支配している「本覚《ほんがく》」という思想だ。仏教学者でもないのに、仏教ものの本を書く梅原猛《うめはらたけし》氏もこの本覚思想だ。今の日本仏教学の主流派＝体制派の人たちは一行で、「山川草木悉皆仏性《さんせんそうもくしつかいぶつしょう》」と言う。これが天台本覚であり、その意味は「私たちの周囲にある山、川、草木にいたるまですべてに仏さまが宿っている。そしてすべての人は成仏できる」とするものだ。「山川草木の悉《ことごと》く皆なに仏性が有る」という考えだ。この考えが、どれぐらいいい加減な考えかは少し考えれば分かる。「私たちの周囲のすべてに仏さまが宿る」などと、誰も反対しそうにないバカなことを何か言えばいいかと思って、言っている。これに対し袴谷氏は、欧米の仏教学者たちの考えに従い、彼らと共同研究した。そして「仏教（ゴータマの教え）とは、現実世界への徹底した批判である」と『批判仏教』に書いた。「ブッダの思想とは現実世界への根源的な批判」である。私も、この袴谷理論に賛同する。「すべてに仏さま（神さま）が宿る」などは、とんでもないカマトトたち（偽善者）のドンブリ理論である。私が袴谷氏に読者として手紙を書いて、返事をいただいたのは、もう20年前である。その後、交信はない。

現代の阿弥陀如来は何になって生きているか――結論

私は昨年（2011年）の夏に、コミケ（コミックマーケット）大会なるものに行った。そしてオタクと呼ばれる若者たちの群れを観察した。その結果、大きなあることにハタと気づいた。まさしく現代の阿弥陀如来と観音さまは、コミケで描かれている若い女性のマンガ像そのものとなって現在に甦《よみがえ》っていたのである。左ページの絵をまじまじと見ていただきたい。このような女性像がまさしく現代の阿弥陀さま、観音さまである。現代の日本の子ども、若者（今や中年まで）を席巻する、オタク・アニメ・マンガ・ゲーム文化こそは、全人類の未来像である。現代の阿弥陀如来、観音菩薩は、マンガとして紙（二次元《にじげん》という）に描かれた女の子の姿そのものである。左ページのイラストの通りである。欧米の民衆がマグダラのマリアにすがりついて救いを求めた、その姿の現代版である。私は東京のお台場でのコミケ大会に行って、このことがはっきりと分かった。何万人ものオタクたちが、描かれたマンガ、アニメの少女の絵を喰い入るようにじっと拝むようにして見つめていた。彼らは、現代の救いを求める人々である。これらの絵に描かれている女性像は、まさしく現在の阿弥陀さま、観音さま、マリアさまなのである。

©羽衣翔

だから、この2000年間の仏教の話は、現在の話につながる。現在の阿弥陀如来は何に姿を変えて生き残っていたか。それはコミケに集まるオタクたちのマンガ、アニメの女性像となって出現していたのである。

今の日本人のほとんどは仏教を捨てている。習俗・慣習としてだけ残っている。あるいは、先祖崇拝としてだけだ。私もご先祖さまへの追慕《ついぼ》として小さな仏壇を持ち、小さな仏陀像を飾り、ろうそくを灯して、先祖の位牌を拝む。それ以上はやらない。それだけで気持ちが落ち着く。家にお坊様を呼んだり、お寺に通ったりする人はもうかなり減った。盆《ぼん》と正月のお墓参りは今もまだ僅かに残っている。仏教の各教団の経営にまで熱心にかかわる檀家＝信者（平信徒）の数はどんどん減っているはずである。京都や奈良の立派な寺は観光寺になりきって、高額の拝観料収入で生きている。高級な観光寺は檀家・信者をもう全く持たなくなった。

寺と違って神社の方は、国家神道となって、今度は明治、大正、戦前に体制化し威張り腐《くさ》ったので、敗戦後に体制の変更によって国家保護を失った。神社はどこも小さなところはさびれ果てている。戦前までは神社の神主《かんぬし》は国家公務員であった。国家神道は、翼賛《よくさん》体制に加担して国民大衆を戦争に煽動したので敗戦後は嫌われた。今は神社は政府の保護もなく、氏子《うじこ》の集団も激減した。商店街の祭礼の神輿《みこし》を担ぐお祭りだけが全国で細々と残っている。

現代の阿弥陀如来や観音さま、天照大神《あまてらすおおみかみ》（日本の建国の母。これも実は観世音＝無量光《むりょうこう》が原型であろう）ら女の神たちは、どこに行ってしまったのか。

だから再度書く。私は去年２０１１年8月14日に、東京のお台場の東京ビッグサイトで毎年開かれているコミックマーケット（コミケ）の大会に行った。コミケは、１９７５年から毎年恒例で、若者たちの自主運営で開催されている。国際見本市用の大きな会場で行われている。３日間で50万人が訪れる。ここが日本におけるアニメ、マンガ、ゲームの総本山であり全体の集まりである。世界大会と言ってもよいだろう。毎年の恒例の祭典となっている。私はこのことを10年前から知っていて、そのとき私が勤めていた私立大学で、このコミケの運営委員の静岡県代表の若者に出会っている。彼は日頃から全身に色とりどりの服を着て大変奇抜な格好をしていた。コミケに出品するマンガを描くこともすると言った。自らコスプレと呼ばれる格好をして大学に来ていた。ブーツをはき、髪を緑や黄色に染めていた。話してみると、まともなきちんとした青年であった。

20年前にもオタク（おたく）という言葉はすでにあった。中森明夫《なかもりあきお》という評論家がこのコトバの生みの親だ。オタクという言葉は、秋葉原のゲームセンターに集まる者たちが、お互い全くの他人どうしなのだが、「おたくさぁ、このマンガ知っている？」と言って、お互いを呼びあったことから生まれた。

オタクは秋葉原のマニアックなアニメ店や、ゲームセンターと共に成長した。秋葉原はやがて〝アキバ〟と呼ばれるようになって、世界に冠たるマンガ、アニメ、ゲームのメッカになった。現在は、日本と中国の両政府が狡猾《こうかつ》にこの新種の文化を取り込みにかかっている。

私の学生時代には、秋葉原はいわゆる白物《しろもの》家電の安物、量販店の中心地だった。学生や若いサラリーマンたちが、秋葉原で洗濯機、冷蔵庫、エアコン、炊飯器やテープレコーダーを買ったものである。そこでは値段を値切ることができた。そのうち、さくらややヨドバシカメラが池袋や新宿、渋谷などで開店した。そのあと、ヤマダ電機やコジマとビックカメラが大きくなった。

オタクたちは学校の勉強が嫌いな、落ちこぼれたちである。今では「引きこもり」は立派な精神病の一種だそうだから、言葉の使用に注意を要するそうである。が、私ははっきりと使う。不登校児は行政、学校教育上でも問題になっている。学校教育の激しい試験勉強、受験競争についていけなくなり脱落して、傷つき、授業に行かなくなった子供たちだ。その子供たちを受け入れる特別の学校群が存在する。

子供はゲームをしていると、親から厳しく弾圧される。私も自分の息子がゲームに狂っている姿を見て、厳しく叱ったことが何回かある。

パックマンやインベーダーが最初のゲームだった。大きなゲーム機が喫茶店に置かれていた。そこで時間を大量に過ごす人が70年代から存在していた。そのうち任天堂がファミコンを出し、追いかけるようにソニーがプレイステーション（プレステ）を出した。ゲームのソフトはエニックスやスクウェア（現スクウェア・エニックス）、コナミという会社が作っている。そして、スーパーマリオなどのキャラクターが出てきた。こうした流れがアニメ・ゲーム文化だ。

ハイデガーの「最後の人論」とガルブレイスの「ゆたかな社会」

オタクを新しい人類として、どう位置づけるか。

ドイツで戦後まで生きた思想家（フィロソファー）にマルティン・ハイデガー（Martin Heidegger １８８９〜１９７６）がいる。『存在と時間』という大著がある。この本の中に、「最後の人（末人《まつじん》）the《ザ》 last《ラスト》 man《マン》」のことが書かれている。

ハイデガーは「ヘーゲル・コメンテーター」と言われていた。ゲオルク・ヘーゲル（Georg Hegel １７７０〜１８３１）は、ナポレオン時代のドイツの大哲学者で、彼の著作で近代（モダン）というものがヨーロッパで定義づけられた。市民社会（豊かなヨーロッパ大都市文明）はここに隆盛した。

欧米で近代が成立してから遅れた地帯《リージョン》もこれに追随した。そしてこのあと人類はどこに向かったか。それが分からない。この問題が出現した。重化学工業の発展と共に、高度資本主義、金融資本主義《フィナンシャル・キャピタリズム》になり、ヨーロッパと北アメリカは豊かになった。20世紀に入ると、日本を含めた先進国では、飢えに苦しまなくていい豊かな社会が出現した。

日本も戦前までは飢えとの戦いだった。農民と日雇い労働者が国民の9割だった。その日の分の食いぶち（収入）を稼がないと、ご飯が食べられない人たちが多く存在した。今の新興大国（ＢＲＩＣＳ《ブリックス》　ブラジル・ロシア・インド・中国・南アの5ヵ国）を含めた途上国では、まだまだたくさんの飢えている人々がいる。ところが、日本のように社会福祉制度《ウェルフェア・ステイト》が完備されても、浮浪者（ホームレス）がそれでも100万人単位でいるのだが、それらは行政の力で目に見えないところに隠されている。長く続く不景気（デフレ経済）で失業者もたくさんいる。

この「ゆたかな社会」で育った家の子どもたちがオタクになった。親が子供部屋を作って、子供を自由にさせて、ゲームやアニメを買うことを許した。この「ゆたかな社会」に出現したのが、「最後の人（the《ザ》 last《ラスト》 man《マン》）」である。彼らは社会の問題に全く関心を示さない。自分ひとりの目の前の欲望を追求する。この人間たちこそはまさにオタクである。英語では"nerd"（ナード）という言葉に相当する。体の弱いガリ勉少年を指す言葉だ。90年代に日本のオタクとナードが同質化した。学校教育で落ちこぼれた子供たちが家の中に引きこもった。そして現在に至る。それでもオタク（ナード）は人類の新しい段階で出現した強靱《きょうじん》な新しい人間たちだ。

オタク(ナード)こそが人類の新しい進むべき道である

日系人のアメリカ政治学者のフランシス・フクヤマ（Francis Fukuyama）が書いた『歴史の終わりそして最後の人間』（"The End of History and the Last Man"１９８９年刊）という重要な本がある。この本は日本でも大変売れた。

フクヤマは、ネオコン派と呼ばれる過激なユダヤ系の政治知識人集団と共に生きた人だ。しかしその後、ネオコンとは考えが合わなくなった。ネオコン（NeoConservatives 新保守主義者）というのは、元々アメリカの急進リベラル派の知識人たちで、トロツキー主義者（Trotskyite《トロツカイト》）と呼ばれる過激な左翼集団だった者たちだった。彼らがソビエト体制に対する激しい憎しみをもつようになって後にネオコン派（新《しん》保守主義者）となった。

このネオコンが２００１年からのアフガニスタン戦争や、イラク戦争をしかけた。自分たち欧米白人は、ユダヤ教とキリスト教の連合体だという考え方をした。そして、人類にとって邪魔、忌避すべき集団であるアラブ人、イスラム教徒たちとの戦いをする、という図式をつくった。これがサミュエル・ハンチントン（Samuel Huntington １９２７～２００８）著の『文明間の衝突』"The《ザ》 Clash《クラッシュ》 of《オブ》 Civilizations《シビライゼイションズ》, 1988"である。この本も冷戦（コールド・ウォー）後の世界の情勢を知る本として重要であり、大変よく売れた。

「社会工学」（social《ソシアル》 engineering《エンジニアリング》）という思想がある。この社会工学というのは、恐ろしい思想である。ある種族や、ある国の国民が全体として病気にかかっているから、それを外側から人工的に治療し人種改良してあげよう、というとんでもない政治思想だ。集団洗脳である。この社会工学のやり方をネオコン派は使った。日本民族という東アジア諸国（大東亜共栄圏と名乗った）を占領した、凶暴な神がかった東アジア人の一種族全体を、上手に洗脳することで、穏やかでアメリカに対して従順で真面目に働くおとなしい国民に作り変えた。この社会工学《ソシアル・エンジニアリング》を私は、「上からの強制的な民主化」とか「文明化外科手術」のことだと訳した。

その果てに出現した、人類の最後の人たち（末人《まつじん》）であるのがオタク（ナード）である。

オタクはヨーロッパ、中国、アジア諸国にもたくさんいる。台湾、シンガポール、韓国にものすごい数のオタクが出現している。しかしアメリカでは引きこもりは、今でも許されていない。子供が部屋にこもっていると、親がゲーム機ごと外にほっぽりだすと言う。しかしそれでも欧米各国にも大変な数のオタクが出現している。

世界中の親たちから、嫌がられ弾圧されるマンガ、アニメ、ゲームの文化に入りびたる若い世代が世界中に強固に出現している。まさしく「最後の人々（the last man）」だ。

ハイデガーがその出現を予言して、フランシス・フクヤマもそれを引き継いで書いた。ところがこの末人《まつじん》論は、この20年間、全く進展しなかった。誰も末人論を社会評論として、そのあと成長させることができなかった。私も、この問題を考え続けた。しかし謎が解けなかった。

それでもオタクの若者層の出現が新しい人類の進むべき方向である。彼らを鎮圧し打ち倒すことはできない。彼らは消滅しない。

コミケに行って分かった現代の阿弥陀如来

このコミケ大会に、私は弟子の吉見《よしみ》理《おさむ》君の案内で見て回った。吉見君は一応、慶應大学を卒業していて、まじめに就職活動をしたのだけれども、どこの企業にも採用してもらえなかった。大学卒業後は厳しい日給のアルバイトなどで生きてきたはずだ。社会的にいじめられている分、忍耐力が強い。現在は福島の原発のそばの復興活動本部に常駐している。

コミケで私が目撃したのは、たくさんのブースに分かれて出店している日本中の各大学とかのアニメ研究会や、マンガ同好会の人間たちだ。コミケ大会はオタクの結集軸になっている。彼らは、もっぱら少女が登場するマンガを描く。

一方、女子のオタクたちは、「やおい」と呼ばれる少年たちのホモセクシュアル（同性愛）を描いたマンガを読んでいる。やおいとは、マンガの「ヤマ（山場）」「オチ」「意味」の3つがないという意味から作られた言葉らしい。ボーイズ・ラブ（Boys Love＝BL）とも呼ばれている。こうしたエッチなマンガを書店で買うのは女子高生たちにとっては恥ずかしいことらしく、彼女たちは電子書籍で買っているという。私はそうした出版社と付き合いがあるのでいろいろ教えてもらった。一部には、コスプレ（コスチューム・プレイ）が好きな人々もいる。

コミケの大会には企業ブースのコーナーもある。『少年ジャンプ』や、『少年マガジン』などの少年マンガに連載している作家やマンガ家たちを崇拝している。大きな娯楽、書籍市場である。その横で、さまざまなグッズが売られていて、出版社が玩具メーカーと提携している。

しかし、あくまでコミックマーケットはマンガが中心だ。ここに自分でマンガを描いて出品しているオタクたちの多くは、ストーリー（物語）を作るほどの力はない。10ページ分ぐらいの絵を精密に描くことしかできない。人気のある作品のブースには、４０００〜５０００人の人間が列をつくって並んでいた。そこでオタクたちは、オタク・マンガを１冊３０００円とかで買う。

冊子の中味は全てでたったの10枚ぐらいで少女や女性が描いてある。その絵を彼らは会場のわきの床に座り込んで、一斉にひたすら食い入るように見つめていた。私には、高橋留美子の『うる星やつら』の主人公であるラムちゃんまでしか分からない。２０１１年現在の一番人気は『涼宮《すずみや》ハルヒの憂鬱』（角川書店）と『魔法少女まどか☆マギカ』（芳文社）という作品であるという。そして世界各国にファンが存在する。フランスにも、アメリカにも中国にも強固なオタク・マンガ世代がいる。

私はコミケでオタクたちの群れを観察した結果、あることに気づいた。まさに現代の阿弥陀如来は、このコミケの「女の子のマンガの全身像」なのだ。現代の阿弥陀如来、観音菩薩は、マンガとして紙に描かれた女の子の姿そのものである。昔の民衆がマグダラのマリアにすがりついたように、それらが救済を求める人々の現代版である。私はコミケに行って、このことがはっきりとわかった。

オタクたちは、衣食住に極力お金をかけないで生きている。コミケの会場に入るために、朝は始発電車よりも早い午前4時から並んで、夜は近くのネットカフェで過ごす。体力を保持するために、安いカレーを食べて体を温める。夜は、外の寒さの中で生きるわけにはいかないので、ファミリーレストランやネットカフェで、うつ伏せで一晩を明かす。

オタク（ナード）は二次元、すなわち紙の世界に生きている。この二次元の世界で至上の快楽を得ることができるという。弟子の吉見理君が言っていたのは、「これはもっとも安上がりですむ性欲の処理です」ということだ。二次元空間（紙）に描かれた少女の姿で性欲の処理（オナニー）ができることが最高の幸福感であるらしい。オタクたちは、三次元の生身《なまみ》の女たちを嫌うか、避ける。

人類が仏教の阿弥陀さま、観音さま、すなわちマリアさまにすがりついて生きてきた姿は今、日本で生まれたオタクの文化の中で生きながらえている。このように大きく理解することによって、私の仏教論は終着点まで来た。日本にまで伝わった阿弥陀如来、観音菩薩の思想の解明がこれでできた。

第十章

道教とキリスト教

『三国志演義』の義兄弟の思想

西暦200年代（3世紀の初め）の中国は、後漢《ごかん》帝国が滅び始めた頃である。この3世紀の中国で、黄巾《こうきん》の乱（184年）という民衆反乱が起きている。この反乱を主導した太平道《たいへいどう》という宗教運動の教祖、張角《ちょうかく》は道教の道士である。民衆救済の思想をもった占い師、呪《まじな》い師のような人たちである。宗教家と言っていい。暴力団や軍人（将軍）とは異なる。

この道教の道士たちが指導して中国の河北一体で起きた民衆一揆の暴動は、やがて後漢の軍隊に鎮圧された。その中から出てきたのが、『三国志』、あるいは『三国志演義』に登場する劉備《りゅうび》（161〜223）のような人である。劉備玄徳《げんとく》は今の武漢《ウーハン》のそばで関羽《かんう》、張飛《ちょうひ》と3人で「桃園《とうえん》の義盟《ぎめい》」を結んで、義《ぎ》兄弟となった。血のつながりがなくても、固い契《ちぎり》を結び、生死を共にした。

『三国志演義』の中で「我ら三人、姓は違えども兄弟の契りを結びしからは、心を同じくして助け合い、困窮する者たちを救わん。上は国家に報い、下は民を安んずることを誓う。同年、同月、同日に生まれることを得ずとも、願わくば同年、同月、同日に死せん事を」と約束した。

義兄弟の「義《ぎ》」の思想は、今の中国人にとっても重要なものである。私の中国研究本に書いたが、血の盟約《めいやく》のことである。この思想が中国の秘密結社である幇会《パンフェ》をも支えている。

関羽の方が劉備よりも中国人には好かれていて、今も関羽の像が華僑《オーバーシーズ・チャイニーズ》たちの世界中の道教の寺院で祀《まつ》られている。今の中国人も関羽さまを崇拝している。関羽は英雄として斬られて死んだ将軍だが、死んだ後に皇帝になったとして道教の寺院で祀《まつ》られている。これを関帝廟《かんていびょう》という。これは世界中の、そして日本の横浜や神戸の中華街にもあり、中国人の魂のよりどころとなっている。

中国の民衆が心を寄せるこの関羽に加えて、14世紀に、天女になっていった媽祖《まそ》という女性がいる。媽祖は航海・漁業の守護神として、中国沿海部を中心に信仰を集める道教の女神だ。この媽祖廟《びょう》も必ず関帝廟の近くにある。この2つの道観《どうかん》（道教寺院）に今も中国の民衆は心を寄せている。媽祖は天女で、羽衣《はごろも》伝説になっている。私は、やっぱりこの媽祖も又中国化したマリア信仰だと思う。

中国共産党は今、孔子学院を世界中につくろうとしているが、うまくいくわけがない。日本の孔子像（孔子廟《こうしびょう》）は東京の湯島にある。その隣が、東京医科歯科大学で、ここに江戸時代には昌平坂学問所《しょうへいざかがくもんじょ》があった。この昌平黌《こう》は林羅山《はやしらざん》が開いた朱子学の本拠地である。

しかしこの孔子廟を参る中国人はほとんどいない。中国共産党の幹部や官僚たち（今は中国共産党の「中央書記処《しょきしょ》書記」と言う）は参拝するかもしれない。中国の民衆は孔子と儒教を拝まないと思う。民衆はあくまで道教の関帝廟に行く。そこは、先祖崇拝と商売繁盛と一族繁栄の神さまだからだ。

このように中国の道教の始まりも2世紀に伝わったキリスト教である。前の方のP56で説明した。博愛と民衆救済の思想である。中国の道教（Taoism《タオイズム》）は、決して老子《ろうし》（Laozi《ラオツー》）という思想家の創始したものではない。老子という人は孔子よりも25歳ぐらい年上とされ2人は出会っている、とする説もある。しかし、老子は『老子道徳経』という本に出現している知恵者であるに過ぎずその実在は明確でない。

やはり道教の本当の起源は、中東のパレスチナやローマから、2世紀から伝わり始めたキリスト教の民衆救済の思想そのものである、と考えるのが今や納得がゆく。

道教の起源は、前述した西暦184年の道士（おそらくキリスト教の宣教師）張角《ちょうかく》の太平《たいへい》道《どう》の「黄巾の乱」の他に、もうひとつある。それは、太平道と同時期（後漢の末）に出現した張陵《ちょうりょう》（生没不詳）という人物による五斗米道《ごとべいどう》という宗教である。

五斗米道は日本に伝わり、西暦200年頃には既に日本の瀬戸内海沿岸に渡来人（中国人）の植民地（コロニー）としてできていた邪馬台国《やばだいこく》の卑弥呼《ひみこ》（170～248。つまり巫《ふ》女《じょ》の王が3代続いている）たちの宗教でもあった。『魏志倭人伝《ぎしわじんでん》』では、「卑弥呼は鬼道《きどう》に仕え民《たみ》を迷《まど》わし……、三十ヵ国を束ね」とあるが、この鬼道とは五斗米道のことである。これは歴史家の岡田英弘《おかだひでひろ》東京外国語大学名誉教授の説であり私はこれを支持している。邪馬台国は今の下関（赤間《あかま》港）であっただろう。

キリスト教は仏教の浄土宗などとなって、日本に伝わるよりももっと早く道教の形で、日本に伝わっていたことになる。民衆救済（を強く請い願う）思想の地球上での広がりと、拡大爆発現象というのは、それぐらいに強烈であり強固なものなのである。

中国の道教も起源は伝来したキリスト教であろう

中国には「道士」と呼ばれる宗教家たちがいる。彼らに指導されて起きる民衆反乱の歴史がある。民衆反乱は、中国で数百年おきに帝国の末期に必ず起きている。

元朝（モンゴル帝国）の末期に起きたのは、「紅巾《こうきん》の乱（白蓮《びゃくれん》教徒の乱）」である。1351年から1366年までの16年間続いた。この紅巾の乱の中心となったのは、白蓮教という秘密結社である。白蓮教は、マニ教（ゾロアスター教の紀元2世紀の新装版）に、仏教の弥勒下生《みろくげしょう》信仰が融合した教義を持つとされる。私は、この道教の一種である白蓮教は古いキリスト教であると考える。白蓮（パドメ）とはまさしく観世音（妙法蓮華）である。中国の民衆反乱は中国化したマリア信仰である道教の巨大な運動だったのだ。紅巾《こうきん》の乱で、元朝は衰退し、モンゴル民族は北に帰っていった。

1368年に明を建国した朱元璋《しゅげんしょう》のちの大祖洪武帝《こうぶてい》は、この紅巾の乱に参加して、経済の中心地であった江南《こうなん》（今の上海あたり）を支配した。朱元璋は、私の眼力（判断力）からすると偉大な男である。彼は何の家柄もない貧しいやくざ者から這い上がってきたとされる。そのことを自分で一切隠さなかった。そして中国全体を統一した。なぜ、そんなことが出来たかを考えると、朱元璋が白蓮教徒（道教）の全国ネットワークの白蓮教の思想を体現していたからである。組織がなければ国家は動かせない。

私の先生である碩学《せきがく》、小室直樹でさえ、朱元璋のことは「貧しい農民あがり」という理解以上のことをしなかった。朱元璋が書いた自伝の文を読むと、「自分は貧しい農民上がりだが、どうか自分に力を貸してくれ、と皆に訴えた」と書き遺《のこ》している。ところが、朱元璋は権力を握った（皇帝になった）途端に、中国全土にスパイ網と、警察のネットワークをはりめぐらして知識人たちを弾圧した。こうして、この後300年続いた明帝国が成立した。

明は三代目の永楽帝《えいらくてい》のときに、鄭和《ていわ》に命じて西暦1400年頃から大船団を組織して、

7回も海の大遠征をやらせた。イスラム教徒で儒学者（回儒《かいじゅ》という）の鄭和は、宦官《かんがん》（eunuch《ユーナック》）だった。インド大陸沿いにずっと航海して、アフリカのマダガスカル島のあたりまで行っている。東南アジアの各地の王様たちの紛争を調停したりしながら平和に国交を結んでいった。

中国を侵略した悪いイギリス

清《しん》朝末期には「太平天国の乱」（1850〜1864年）と「義和団《ぎわだん》の乱」（1900年）が起きている。これらもキリスト教が色濃い道士たち（宣教師）の運動である。イギリスが南の方からアヘン戦争（1840〜1842年）をしかけてきた。イギリスは中国との貿易で、有利に売れるものがないものだから、イギリス帝国本国からの銀の国外流出を防ぐために、インドで栽培されたアヘンを中国に大量に持ち込んだ。その代金が銀である。アヘン戦争に勝った後は、露骨に阿片《オピアム》を売り込んで中国をすっかりダメにした。

ジャーディーン・マセソン商会と、サスーン（サザーランド）財閥（今の香港上海銀行）を先頭にして、インドのベンガル産のアヘンを広州に入れるという密貿易を行った。その結果、広東省の広州から中国全土にアヘンが蔓延《まんえん》し銀が大量に流出した。アヘンの摘発をした清朝と、これに反発したイギリスが1839年に軍事衝突した。これがアヘン戦争である。やっぱり中国にとっては、この200年間で一番悪いのはイギリスだ。

このとき、林則徐《りんそくじょ》という愛国の官僚が奮闘したが、清朝政府は脅えて愚かな対応しかできず、イギリスに屈服した（南京条約1842年）。だから民衆から不満が起きて、洪秀全《こうしゅうぜん》（1814～1864）という人物をリーダーとする、外国勢力を排除する民衆運動が起きた。これが「太平天国の乱」である。1850年から1864年までだ。まさしく太《たい》平道《へいどう》（道教）の運動だ。洪秀全こそは、中国に古くからあるキリスト教とマリア信仰を体現し、民衆を救済しようとした男だ。太平天国の乱も又、2世紀に中国にやってきた古いキリスト教による民衆反乱である。洪秀全たちが信仰したキリスト教は、18世紀に新しい西洋人の宣教師たちが、中国に持ってきたキリスト教ではない。

1900年に起きた「義和団の乱」も中国民衆の救済の思想である。義和団は英語ではボクサー（boxer）で「拳匪《けんぴ》」と呼ばれた。この連中は本当に西洋式のボクシングをやっていたとされる。しかし本当は今の太極拳か、気功の術だと思う。今の中国共産党が一番恐れているのは、法輪功《ほうりんこう》（ファールンゴン）という気功集団である。当時の権力者だった西太后《せいたいごう》（1835～1908）が、一時はこの義和団を支持して「外国勢力を打ち払え」と命令したため、義和団の乱は拡大した。しかし結局は鎮圧された。

洪秀全

阿弥陀、観音さまを信じながら、「キリスト教を信仰している」と言った中国人女性たち

このように中国にキリスト教は紀元2〜3世紀から伝わっている。キリスト教は、中国に18世紀になって初めて入ってきたのではない。民衆救済の思想の世界的な伝播力《でんぱりょく》というものは、ものすごいものなのだ。

私がこの本での大きな歴史理解を完成したのは、実は、ふとしたきっかけからだった。それは私が話した中国からやって来た貧しい女性たちのコトバだった。私は彼女たちとは、東京の場末の1時間2000円で歌える安いカラオケバーで出会った。私は、たまたま、そういう場所に友人に誘われて行った。確か2003年のことだ。カラオケバーでホステスをやっている女性たちである。私がそんな場所に行ったのは初めてであり、そしてもう行くことはないだろう。そこの女性たちと話したことで、私の脳の中に中国理解の爆発現象のような、ひらめきが起きた。

そこは、以前は見るからに日本人が経営していたキャバレーだったところで、そのあと老朽化して、きたないカラオケバーになっていた。奥の方で貧しそうな日本人の老夫婦が皿を洗っているのが見えた。私は筆談と片言の日本語で彼女たちと話をした。彼女らに

「あなたは何を信じているのか」と聞いたら、なんと、口々に「阿弥陀さま」あるいは「観音さま」と答えたのだ。紙に漢字でも書いてくれた。そして手を合わせて拝む仕草をした。「それでは、あなたの宗教は何か」と聞いた。すると、何と自分が信仰している「宗教はキリスト教」とはっきりと答えたのである。

私は、この時、ビックリ仰天した。この瞬間に、私の脳の中に稲妻《いなづま》が走り大きな謎が解き明かされた。大きな理論が私の中に生まれた。私には、このとき分かったのだ。まさしく中国にまで伝わっていたキリスト教、マリア信仰が存在する。そのカラオケバーに6人いた彼女たちは、中国の貧しい農民の出で、それぞれ浙江省《せっこう》や、大連《だいれん》、台湾、湖南省、福《ふっ》建省《けん》から日本に来た女たちだった。出稼ぎの売春業であろう。彼女たちは、「自分が信じているのは阿弥陀さま」そして「観音さま」と日本語ではっきりと言った。そして「私の家の宗教はキリスト教」と言った。

現在でも中国でキリスト教の教会は見かけない。あるわけがないのだ。宗教の自由は、一応あることはある。しかし教会はない。ローマ・カトリックの大司教《アーチ・ビショップ》が中国にもいるが何と2人いる。ローマ教会と、中国共産党のそれぞれが任命した中国人の大司教である。このことが今も争いになっている。ローマ教会の総本山のバチカンが任命した大司教は、中国国内の一体、どこで暮らしているのか分からない。地下組織のようになっているらしい。教会や大聖堂が中国国内に公然と建てられている話を聞かない。プロテスタント系の教会の話も聞かない。中国に教会はまだないだろう。それなのに、彼女たちは自分たちはキリスト教を信じていると言った。そして「阿弥陀さま」「観音さま」と言った。日本の島原の乱（1637～1638）のあとの隠れキリシタンたちよりもずっと古い。ずっと古い西暦200年代からのキリスト教だ。

この連綿と続くマリア信仰が、中国の民衆反乱の長い歴史となって今の法輪功《ほうりんこう》という気功術が混じった民衆信仰につながっている。法輪功は仏教、道教、キリスト教が混ざり合った宗教であるとされる。こういう不気味な民衆救済宗教が、2000年もずっと続いていて、突如として湧き起こる。この民衆の反乱を中国共産党はものすごく警戒している。今の共産党支配体制にとっては一番恐ろしい動きだ。

中国は人口13億人（本当は15億人いる）のうちの、8億人が貧しい農民である。残りの7億人は都市にいる庶民や労働者である。この8億人の農民が一気に立ち上がって暴動を起こしたら、いくら中国共産党であっても、転覆するといわれている。現実には、法輪功は抑えつけられていて体制変動は起きない。中国共産党が中国農民の動向の何をそんなに気にしているか、と考えたら、やはりキリスト教が伝わって道教（太平道や白蓮教など）や仏教の形に変化した、中国独特の民衆救済思想に対してなのである。共産主義だって本当は民衆救済の思想なのだから。私のこの大きな解明は決して、つまらない思いつきや謎解きではない。

中国はこの30年間で、鄧小平《とうしょうへい》（デン・シャオピン、1904〜1997）という優れた指導者の努力で急激に豊かになった。かつ大きく成長した。百姓（農民）の一番貧しい層でも、それなりに豊かになっている。だから私は今の中国が大動乱期に入って農民の大暴動が起きて崩れることはないと、この7年間ずっと自分の中国研究本で書いてきた。

中国に伝わったキリスト教（マリア信仰）が仏教や道教に変化したのである。そして、それがそのまま日本にも伝わった。このように大きく大きく理解すべきなのである。

人類のあけぼののバグダッドのシュメール人

もっと大きな歴史の話をしよう。人類の初期の住居跡は、だいたい世界各地で1万年前まで遡《さかのぼ》ることができる。中国では湖南省の馬王堆漢墓《まおうたいかんぼ》などである。しかし、それが文明（civilization《シビライゼイション》）と言えるほどの都市（1万人ぐらいの集住）を作った一番古い古代文明（＝古代帝国の成立）は、やはりメソポタミア文明である。チグリス・ユーフラテス文明だ。P60でも書いた。その中心は、今のバグダッドの郊外で中心から30㎞のところに古代の都のバビロンがあった。やはりバグダッド（バビロン）が人類のすべてにとっての文明発生の地であり中心地だ。他の文明のお手本になっている。私は、そのようにインドまで行った時にはっきりと実感で分かった。

世界最初の古代帝国は、だから紀元前３０００年頃にバグダッドにできている。だから、ちょうど今から５０００年前である。これ以上遡れる文明はない。ないものはない、と断言しておく。たったの５０００年なのである。エジプトからやってきたセソストリス王という人物が、現地人であるシュメール人を征服した。これが史上最初の征服王朝である世界帝国である。この史実はヘロドトスの『歴史』に書かれている。

それから１３００年経った紀元前17世紀に、ハンムラビ王という王が現れて帝国をつくっている。バビロニア王朝（帝国）である。このハンムラビ王がどうやら、のちのユダヤ人の旧約聖書の中に出てくるユダヤ民族の始祖のアブラハムであるらしい。ハンムラビとアブラハムは音《おん》が似ている。その次の重要人物であるモーセが、ユダヤ人を率いてエジプト（バビロンかもしれない）から脱出したのは、紀元前１２５０年である。歴史学ではそのように決まっている。『出エジプト記』と言う。そして紀元前１０００年頃に、サウル、ダビデ、ソロモン王という3人の王の時代にユダヤ王国は最も栄えた。だが、冷酷な目で見ると、ユダヤ王国はただの王国であって、帝国になったことは一度もない。ユダヤ王国は常に、ペルシャ帝国やバビロニアやヒッタイト帝国などの属国（朝貢国《ちょうこうこく》）なのである。この事実は重要だ。シリア人がつくったアッシリア帝国もバグダッドを首都にしていた。預言者（民族指導者）のモーセの時代には、ユダヤ王国（ヘブライ王国）はこのアッシリア帝国の属国（従属国）の1つだった。「帝国―属国関係」というのは、いつの時代でも冷酷なものなのだ。今の日本がアメリカ帝国の属国（tributary《トリビユータリー》 state《ステイト》、朝貢国）であるのと同じことだ。

ユダヤ教徒は、旧約聖書（ユダヤ教では「モーセ五書〈トーラ〉」と言う）のことを世界最古の聖典のように言う。が、それはウソである。ユダヤ教の旧約聖書の歴史は今からたったの3000年ぐらいしかない。それよりもさらに2000年古いバビロンを都にして、次々と300年おきぐらいに成立した古代帝国の話を、ユダヤ人が自分たちの民族聖典の中に取り込んだのだ。

紀元前6世紀には、アケメネス朝ペルシャが世界帝国であった。ということはペルシャ人が支配した世界ということだ。この帝国も、やっぱりバグダッドを首都にしていた。そして、このあとギリシャまで攻め込んで来て、これが有名な「ペルシャ戦争」である。この戦争は、紀元前492年から紀元前449年までの43年間の間に3度に亘って行われている。ペルシャは、ギリシャに遠征（侵略）している。ダレイオス（ダリウス）1世の時である。やっぱりバグダッドが世界の中心であり帝都である。ギリシャは何とか征服されずに済んだ。ペルシャ人（今はイラン人）というのは、アラブ人種とも少し違って、山の方（高地）に住む遊牧民族《ノマウド》である。馬に乗って、ペルシャ高原を駆け下ってきたろうから、ものすごく強かった。馬というのは今の戦闘爆撃機のようなものだ、とモンゴル人が、ものすごく強かった。いつも定住民（農耕民《アグラリアン》）であるアラブ人の方が負けて征服されてしまう。中国の歴代王朝で言えば、隋と唐（鮮卑《せんぴ》属だ）や元（モンゴル人）や清（女真人、満州族）が、北方の遊牧民系であり、馬の力で北から攻め込んで漢民族を征服した。この感じと、ペルシャ高原からの攻め下りはそっくりである。この世界規模での大きな類似性を指摘する者がいないので私が指摘しておく。

私たちは、学校教育であまりにも西洋学問の影響を受け過ぎている。だから、ギリシャ＝ローマ文明（たかが３０００年）が一番優れた文明だと思い込まされている。本当は、バグダッドを中心とするチグリス・ユーフラテス文明が、この５０００年間の全ての人類全体の文明の中心なのだ。このように私は考える。今は砂漠の中の貧乏そうな地帯だが。これらの世界帝国の興亡は、19世紀に世界を支配した大英帝国と、20世紀を支配したアメリカ帝国（これももうすぐ衰退する）につながってゆく話である。各々たった１２０年ずつのことだ。

これが、私が独自に作ってきた世界史の全体像である。だからこの５０００年の間（これ以上は古くならない）ずっと、バグダッドが世界の中心だったはずなのだ。古代ローマ帝国も何度かバグダッドに攻め込んでいる。そしてローマ皇帝（軍人のトップ）たちの何人かが敗れて撤退している。

確かに６０００～７０００年前まで遡ることができるシュメール人が、この地（今のイラク平原）に住んでいて、ギルガメッシュ神話を作っていた。これがすべての人類の物語、神話の原型である。ユダヤ教の旧約聖書の「創世記《ジェネシス》（天地創造の記）」や大洪水（ノアの方舟）が、日本の「古事記」の「イザナギ、イザナミの国生みの物語」に影響を与えている。それからギリシャ神話も、インドのヴェーダ聖典も、すべてバグダッド周辺で生まれた神話（myth《ミス》）が、世界各地に広がったものである。

だから、インド文明（インダス・ガンジス文明）のヒンドゥーイズム（ヒンドゥー教、インド教）の原形も、どう考えてもペルシャ高原とイラク平原のあたりから始まったものであり、それが東に拡大したものだ。ヒンドゥー教は、1万年ぐらい前からガンジス川のほとりで暮らしていた人々が作った、宗教というよりも習俗（生活習慣）の集大成の思想であろう。仕方なくカーストという身分制度ができた。そしてゴータマ・ブッダがその廃止を求めて改革運動を始めた。

第十一章　現代と救済

空海と最澄

804年の遣唐使《けんとうし》は4隻の船で派遣された。第1船に空海《くうかい》(弘法大師《こうぼうたいし》)、第2船に最澄(伝教大師《でんぎょうだいし》)が乗っていた。彼らは遣唐使について行く留学僧として唐に渡った。

空海と最澄が学んで持ち帰ってきた、当時の中国の最新流行の思想流派がそれぞれ真言宗(五台山《ごたいさん》がメッカ)と天台宗(天台山《てんだいさん》がメッカ)だ。空海が中国に渡る前から開いていたお寺の高野山《こうやさん》は和歌山県の山奥にある。紀ノ川《きのかわ》をずっと遡《さかのぼ》って行く。私は自分の人生で3回、高野山にお参りに行った。一方最澄が開いたのが比叡山延暦寺《ひえいざんえんりやくじ》で、京都の北の山の中に散在する立派なお寺の群である。天台宗《てんだいしゅう》がやはり日本の仏教の総合大学だ。天台法華宗《てんだいほっけしゅう》と言われて法華経《ほっけきょう》を一番大事にしている。

804年の正規の遣唐使の留学僧として最澄《さいちょう》は、通訳としての弟子の義真《ぎしん》を連れていた。空海の方は、どうやら幼い頃から中国語ができたらしい。空海は中国語をしゃべれたらしいのだ。

井上靖《いのうえやすし》の『天平の甍《てんぴょうのいらか》』を読めばわかるが、行きに4隻だった船が、戻ってくるときには、だいたい2隻になっている。空海、最澄の乗った船は予定通り、明州《みんしゅう》の寧波《ニンポー》に到着した。この寧波から南にわずか１００㎞ぐらい行ったところに天台山（天台宗の総本山）がある。寧波《ねいは》は日本からの貿易船が到着する港で、日本人町がすでにあった。今の上海の南西の方に、杭州《ハンチョウ》という大きな古い町がある。そこの大きな湾で、その一番海に突き出たところに、寧波の港がある。杭州から東に50㎞のところに紹興酒で有名な紹興《しょうこう》という古い都がある。魯迅《ろじん》と周恩来《しゅうおんらい》の故郷だ。今の中国人は、男はみんな白酒《パイチュウ》という強い酒を飲む。中国に行くと食事の時は必ず、この白酒攻めにあう。日本では紹興酒《しょうこうしゅ》が飲まれる。

　この寧波という町に日本からの留学生はたどり着かなければならない。そこから内陸の長安や洛陽を目指した。

　空海は、中国にはたった2年しかいなかった。この寧波《ニンポー》から１０００㎞の唐の帝都であった長安《ちょうあん》（現在の西安市《せいあんし》）まで行った。そこで青龍寺《しょうりゅうじ》（私はここを見学した）で恵果阿闍《けいかあじゃ》梨《り》に大急ぎで習った。そこから４００㎞東の方の洛陽《らくよう》の町にも行った。そこからさらに３００㎞真北に行ったところにある五台山《ごだいさん》（ウータイサン）に行った。五台山こそは、中国の仏教の最大の中心地だ。五台山まで行かなければ、中国仏教が最も繁栄した時代に優れた経典をたくさん入手（購入）できなかっただろう。5世紀の北魏《ほくぎ》帝国や7世紀の唐の頃、すでに五台山は、仏教のメッカだった。だから、空海は五台山に行っている。その前に長安の青龍寺で恵果阿闍梨から真言宗の奥義を学び、免許状をもらった。そして仏典を多く日本へ持ち帰った。

空海は、たった2年しか中国にいない。国家派遣の留学僧なのだから10年間滞在して、中国の仏教のすべての知識を吸収してから帰って来いという厳しい決まりがあった。空海はそれに違反してさっさと帰ってきている。そして朝廷の許しがおりるまで隠れ住んでいた。それでも空海は400巻ぐらいの多くの仏典を持ち帰ってきたので、この点を高く評価された。それで、816年に高野山に真言宗の日本の総本山を開く勅許をもらった。一方、天台山に行った最澄の方はたったの半年間ぐらいしか中国にいない。それで朝廷に叱《しか》られなかったというのは、一体、どういうことか。よくよく考えると世の中はズルいことばかりだ。

五台山《ごたいさん》（山西省）とはちがって天台山《てんだいさん》は今の上海の南の方にある。ここが天台宗という禅宗の中国の総本山である。

空海という人は、どうやら香川県の鉱山掘りの渡来人の一族だろう。丹生《にう》族という。かつ海に面しているので海運業もできた人たちである。鉱物発掘業と土木建設業もできる一族であった。おそらく空海という人は、中国人との混血児だったろう。幼名は佐伯真魚《さえきまお》だ。中国語が最初からできたようだ。だからさっさと免許状と経典をたくさんもらって、帰ってきたのだ。高野山の辺りはどうやら水金《すいぎん》（水銀）が採れた。だからこそ空海は高野山を真言宗の総本山としたのだ。金、銀、銅は一緒に出るが、水銀を使って金《きん》を分離する。仏像は金箔《きんぱく》や金メッキで塗られると荘厳な輝きを増す。だから、水銀を使った金《きん》の採取は何ものにも増して、仏僧たちにとっても最大の財政運営《ファイナンス》であり蓄財方法だったろう。

この金の採掘技術を持っていたのが、丹生《にう》族である。中国からの渡来人の集団であり空海は、だからこの一族の人だとされる。

丹生《にう》の丹《に》とは水銀のことだ。昔は水銀を朱砂《あかすな》あるいは辰砂《しんしゃ》と言った。金メッキは、水銀と金をアマルガム合金にして、これを仏像の表面に塗布して加熱する。このあと、水銀を蒸発させる。こうやって、光り輝く仏像の金メッキを完成させた。これを錬丹術《れんたんじゅつ》と言う。空海が属した丹生族はこの錬丹術も持っていて水銀の鉱脈を採取することが得意だった。

752年に奈良の大仏が開眼《かいげん》（完成）したのだが、聖武《しょうむ》天皇が敢行したこの国家的大事業は、「我が日本にも中国にあるのと同じような大きく金色に輝く大日如来が欲しい」という、いかにも小中華《しょうちゅうか》の思想である。この大仏の建造と金メッキ作業を行った行基《ぎょうき》（668〜749）も多くの信者を得た不思議な僧だ。大土木業者であり、いつも1000人ぐらいのエンジニアが行基に連れ従っていたようだ。行基は道昭《どうしょう》（629〜700）という法相宗《ほっそうしゅう》の僧の弟子である。そしてこの道昭こそは、何と653年に遣唐使で長安まで行き、玄奘三蔵から直接、習った日本人なのである。もうひとりいるようだ。この事実は重い。日本人僧の中で唯一「三蔵《さんぞう》」の称号を与えられたのが、法相宗の霊仙《りょうせん》（759〜827）という僧である。この霊仙は、空海、最澄と遣唐使の同期でもある。

今でも奈良の東大寺に伝わる有名な「二月堂《にがつどう》の修二会《しゅにえ》」の儀式がある。これが「東大寺のお水取り」と呼ばれるお祭りである。この「お水取り」は、大仏が完成した752年から始まった。十一面観音に香水をふりかけて、閼伽《あか》（あか色、朱色すなわち水銀）という水をかける儀式である。三島由紀夫が飽《あ》かずこの「お水取り」に行っていた。

最澄の場合は、前述した義真《ぎしん》という弟子がいた。義真は渡来人（中国人）との混血で、中国語ができた。だから最澄の通訳として一緒に中国へ渡った。義真は、最澄の次の天台宗の2代目門主《もんしゅ》（＝最高の地位）になっている。こういう事実を天台宗の本山は隠していない。私は、一昨年、比叡山の根本中堂《こんぽんちゅうどう》を御参りしたが、その様子が描かれた絵と人物像をズラリと並べて堂内にちゃんと掲げてあった。最澄が空海に『理趣釈経《りしゅしゃくきょう》』という仏典を貸してくれと頼みに行っている。しかし、空海は「悟りは文章修行ではなく実践修行によって得られる」と言って、冷たくあしらっている。813年のことで、空海が40歳、最澄が47歳の時だ。2人は7歳違う。最澄を含めての5人の弟子たちも、空海に灌頂《かんじょう》（頭に水を垂らす儀式。キリスト教のバプテスマ、洗礼によく似ている）の儀式をしてもらっている。だから空海のほうが格は上だった。しかし最澄（伝教大師《でんぎょうだいし》）の方が正式の国家エリートだったようだ。最澄の弟子の泰範《たいはん》が空海の元に行って、比叡山に帰って来なかった（816年）りして、2人は激しく派閥闘争と思想闘争をしている。

このような日本の仏教の中国からの輸入とフランチャイズ（支店経営）の基本のことを日本人がきちんと理解しようとしない。日本国内だけでのそれぞれの宗派の本山の立派なお話として終わっている。そうではなくて、日本の仏教の中国との連続性と各時代の流行思想としての全体像を私たちは知らなければいけないのだ。それを私が独力、自力で調べてこのように簡潔に説明しているのである。

空海が言った弥勒下生《みろくげしょう》

同時代人として最澄と空海の2人とも当時の中国の仏教界の影響を強く受けているから、観音信仰と弥勒信仰を持っていた。

空海は死ぬ2年前に、遺言となる最後の論文を書いている。自分が61歳でこの世を去ることを覚悟して、死への旅立ちの準備をした。835年に逝《い》く6日前に、二十五箇条の「御遺告《ごゆいごう》」を完成して弟子たちに示した。その御遺告（遺言《いごん》）の一節を『弘法大師空海全集（第八巻）』（筑摩書房）から引用する。ここにまさしく弥勒下生《みろくげしょう》が説かれていた。

「吾《わ》れ閉眼《へいげん》（死）の後には、必ず方《まさ》に兜卒他天《とそつたてん》（天国のこと）に往生して弥勒慈尊《みろくじそん》の御前《おまえ》に侍《じ》すべし。五十六億余（年）の後には必ず（私は）慈尊と御共に下生《げしょう》し、祇候《しこう》（弥勒菩薩の側にいること）して吾が先跡《せんせき》を問ふべし。

また、且《か》つ、未《いま》だ（この世に）下らずの間は、微雲管《みうんかん》より見て信否《しんぴ》を察すべし。是《こ》の時に勤《つとめ》あらば祐《さいわい》を得《え》ん。不信の者は不幸ならん。努力努力《ゆめゆめ》後に疎《おろそ》かにすることなかれ」

これを現在の日本文にする。

私が死んだ後には、必ず兜卒天《とそつてん》（天国のこと）に往生して弥勒菩薩のそばにつかえるであろう。仏滅後五十六億七千万年の約束の時が経って、弥勒菩薩が天上からこの世へ降るときには、私は必ず弥勒菩薩とともに降りて来て、以前、私が歩んだ跡を訪ねて回るであろう。

この世へ降りるまでの間は、私は兜卒天の微《かす》かな雲の間から見おろして、人々の信心・不信心を観察するであろう。この時に、仏道に励んでいる者は、助けを得るであろう。不信心の者は不幸になっているであろう。私の去った後も決して教えを疎かにしてはならない。

空海はこのように遺言している。「私は弥勒菩薩と共に、下生（地上に再び降りて来て）して皆を救済する」と。

これと同様のコトバを中国天台宗の創始者の天台大師・智顗《ちぎ》も残している。それは日本に伝わった天台宗の比叡山延暦寺に残されている。空海は真言宗であるが、天台宗とほとんど変わらない。ただし真言（マントラ）宗は、チベット仏教であるから「密教」をより大事にする。チベット仏教（ゼウス教）からの仏典である「大日経」と「金剛頂経」「理趣経」を大事にする。弥勒菩薩よりも観音さまがちゃんと出てくる。

「自分が死に臨んでは、観音来迎《かんのんらいごう》し給う。久しからずして応《まさ》に去《ゆ》くべし。」と天台宗の開祖智顗《ちぎ》が言っている。「自分が死んで、観音さまが私を迎えに来た。さぁ、さっさと天へ行こう」という意味である。まさしくこれが「昇天」である。それに対し「降臨」は、メシア（救世主）がこの地上に還ってくる、ということだ。弥勒菩薩に連れられて、この地上に帰ってくるという理屈である。

だから、空海は弥勒と共に、この世に再び降りて来ると言った。これが、弥勒下生《みろくげしょう》という思想だ。これでようやく阿弥陀如来、観音菩薩、弥勒菩薩の三人の女神が出揃《そろ》った。全てキリスト・マリア信仰の変生であった。こうしてこの本も終わりに近づいた。

だが私はまだあと一歩踏み込む。日本人は「昇天」と「復活」と「降臨」との違いを、どうもしっかりとその区別をつけて理解していない。

キリストの復活と再臨

イエス・キリストは、紀元後30年に36歳で処刑されて死んだ。その遺体が消えてなくなる事件が起きた。奥さまであるマグダラのマリアと母、妹の3人のマリアは、イエスの磔《はりつけ》の死体を、処刑人たちに近づいてお金を払って十字架から降ろしてもらった（これがピエタ、ピエテート）。そしてその近くに埋葬（お棺に入れた）した。ところがマグダラのマリアがその3日後に、1人でその場に行ったら、遺体がもうなかった。マリアはそのように周りの人たちに話した。だから目撃証人（eye witness）であるマグダレーナ・マリアは世界中で今でも秘かに敬愛され崇拝されている。しかし、ローマ・カトリックだけは、このマグダラのマリアをひどく激しく嫌う。マグダレーナ・マリアを、異教徒で売春婦（悪い女）だと教義《ドクトリン》にまでしている。ここにローマ・カトリック教会の悪と悪魔性がある。カトリックの僧侶たちにとっては、神であるイエス・キリストに妻がいたら本当に困るのだ。私はイエス・キリストとマグダラのマリアの間にはサラという娘がいたと、信じている。これが小説・映画の『ダ・ヴィンチ・コード』（ダン・ブラウン著）の主要な主張だ。１９４５年にエジプトで見つかったナグ・ハマディ写本に「フィリポによる福音書」があり、その中に、マグダラのマリアに関して、イエスの伴侶と紹介されている。

　マグダラのマリアの「死体が消えた」の証言のあと、イエスは生き返り復活（the《ザ》 Resurrection《リサーレクション》）した。そして主要な弟子（使徒《アポストル》という）たちのところに、ボーっと姿を現したのである。だからイエスが生き返って、あちこちに現れてうろうろしたことを復活というのだ。そして再び天へ還った。これが昇天（the《ジ》 Ascension《アセンション》）で、イエスが復活したあとの天に昇ったことを「昇天」と言う。

　イエスが処刑されて死んだのは4月5日ぐらいである。この3日後の4月8日ぐらいが復活（生き返り）である。だから、復活祭（Easter《イースター》）というお祭りは、「3月21日（春分の日）以降の満月の日のあとに来る最初の日曜日」となっている。これが4月8日ぐらいになる。そして、イースターの40日後の木曜日が、イエスの昇天（アセンション）である。だから、昇天祭（the Ascension Day）は5月20日ぐらいである。

　紀元6年であるイエス・キリストの生誕が1回目の「降臨（advent《アドヴェント》）」である。イエスは、「ユダヤの王《ザ・キング・オブ・ジュー》」I.N.R.I.《アイ エヌ アール アイ》を自称して、多くの人に歓迎され祝福されてエルサレムの都に入った。イエスは人間を救済（salvation《サルヴエイション》）するために出現（降臨）したのだ。しかしエルサレムで36歳で処刑されたので、「それはダメだった。失敗した」として、このあと復活・昇天した。そして2回目の降臨（the second Advent《ザ セカンド アドヴエント》）が、これからあることにキリスト教ではなっている。第1回目の生誕がthe first coming《ザ ファースト カミング》であったから、the《ザ》 second coming《セカンド カミング》となる。そして、この2回目の降臨のことを恐ろしい「最後の審判」Last《ラスト》 Judgement《ジャッジメント》だと考える悲観的な考え方がある。この「ヨハネの黙示録《アポカリプス》」の考えでは、the second coming は、final coming《ファイナル カミング》「最後の降臨」であり、神の怒りによって人類はその犯した罪のために滅び去る。終末論である。以上がキリスト教なるものの全体の仕組みである。日本人は、これらの全体をなかなか概観《アウトルック》できない。

　このあと大きな対立がある。ユダヤ教では、イエスという男は預言者（prophet《プロウフエット》）の1人としては認めるが、救世主（メシアMessiah）ではないとする。ここで大きな対立となる。キリスト教では、処刑・復活・昇天したイエスが、キリスト（Christ = Messiah《メサイア》 救世主）となって再び降臨することになっている。

　そして、もうひとつ別の対立が生まれる。同じキリスト教の中で正統派《オーソドキシー》を自任するローマ・カトリック教会は、その正体はペテロ、パウロ教であるから、彼らは、本心では自分たちが神に祭り上げたイエス・キリストを嫌い、信じていない。そして救世主（Messiah, Christ）が再び現れるかどうかは分からない、とする。だから、自分たち歴代のローマ法王（Pope《ポープ》）の方を拝みなさい、となる。ここがローマ教会（カトリック）がものすごくズルい点である。それに対して、激しく抗議（プロテスト）してヨーロッパ全土でたくさんの人が殺されて出来たプロテスタント（新教徒）たちは、イエス・キリストの再臨、降臨（the《ザ》 second《セカンド》 Advent《アドヴェント》）を今も明るく待ち望んでいる。そして人類は救済されると信じている。

ユダヤ教では救世主（メシア）は、当分、現れない。だから、現実の戒律重視で生きよ、とする考えだ。この考えとキリスト教の千年王国（ミレニアム。再び降臨したキリストが一千年間統治する理想・至福の王国）の対立もある。日本人は、誰もこれらの対立点を分かりやすく理解してくれないから、頭の中がごちゃごちゃになる。

さて本書の結論である。以上のことから、キリスト教が北インドで仏教に入り込んだのである。入り込んだと言うより、西暦１５０年に作り直したのだ。それを大乗仏教（龍樹《ナーガールジュナ》が創作者）と言う。だから、ブッダ（釈迦）をそっちのけにして、阿弥陀さま、観音さま、弥勒菩薩の方を信仰するようになった。雲の中からパーッと光が差し込んで、従者たちを引き連れて地上に降りてきて、人々を助ける姿がある。これはドイツのワーグナーの歌劇のブリューンヒルデという太った女神が、地上に白馬に乗って家来たちの軍勢を連れて降りてくる姿と全く同じだ。

新約聖書には、都エルサレムに入ったイエスは弟子のイスカリオテのユダ（Judas Iscariot）の裏切りを受けてローマ兵たちに逮捕された。ローマ帝国から派遣されていた総督《コンサル》ピラトの判決で死刑が決まり、ゴルゴダの丘で十字架に磔《はりつけ》にされたと書かれている。このゴルゴダの丘というのは、処刑場があった場所ではなくて、エルサレムの大金持ちの住居でキリストを支持していた人物で、その敷地内に十字架が立てられて処刑されたらしい。

イエスの遺体を受け取りに行ったのは、三人のマリアで、イエスの死体の受け取りを男の弟子がやると殺される恐れがあった。だから女たちが行った。

これが、あのミケランジェロ（Michelangelo di Lodovico Buonarroti Simoni １４７５～１５６４）の傑作『サン・ピエトロ（大聖堂）のピエタ』という彫刻である。ピエタ（Pieta, pietete）とは、自分の命を懸けて、死をも恐れず遺体を受け取りにゆく献身、のことを意味する。今もヴァチカンのサン・ピエトロ大聖堂の中の、入ってすぐ右に飾られていて、私たち世界中からの観光客が見ることができる。このミケランジェロの初期のピエタ像が、おそらくこの地上で一番美しい最高級の芸術作品だ。ミケランジェロ26歳の作品とい

ミケランジェロの『サン・ピエトロのピエタ』。これが人類の最高傑作である。イエスの妻のマグダラのマリアがイエスの遺体を抱きかかえている。　　　　　　　Ⓒ Photographer's Choice RF/Getty Images

う。イエスの死体を膝《ひざ》の上で抱きかかえている、妻のマグダラのマリアの壮絶な姿である。決して母親のマリアではない。このことを、今こそ私たちは分かるべきなのである。多くの秘密が隠されたままになっている。今こそ解き明されなければならない。それが人間の解放（ルネサンス）だ。

そして、最後の最後に敢《あ》えて書く。現実の人間世界には、ついに救済はなかった。人間（人類）は救済されなかったのである。このことが非常に重要である。だが、それでも救済されたい民衆は、世界中で今もマリアさまにすがりつく。そしてそれが私たちのアジアでは観音さま、阿弥陀さま、弥勒菩薩となったのである。

あとがき

私は、高校1年生だったときに、書店で買った岩波文庫の『般若心経』を訳も分からず読み、やがてその262文字を諳《そら》んじた。何十回か声に出して読んだ。きっと、ここに仏教の大きな真理が書かれている筈《はず》だ、と16歳の私は思いこんだ。あれから長い歳月が流れた。人間世界の真理とは何か。仏教（ゴータマ・ブッダの教え、思想）とは何だったのか。

私が『般若心経』を諳んじてから43年が経つ。来年には還暦（60歳）が来る。この間に、私はどれだけの成長を遂げたか。私は何かの真理（truth《トルース》）を見つけたか。あるいは無駄に年齢を重ねただけであったか。日本国の宗教である仏教は私に何の真理を与えたか。

私は自覚的に生きているからこそ、いよいよ己れの人生の43年分の決済《けっさい》をしなければならない時期に来たのだと感じた。還暦とは、60歳で折り返して赤ちゃんに戻る。だから〝赤いちゃんちゃんこ〟を着て祝う、ということではない。古来、60歳とは、もう死んでもいい、さっさと死ぬべきだ、という齢《とし》のことである。

私は、こういう真理なら自力で知ってきた。

今はもう、ついに「葬式は要らない」「戒名《かいみょう》も要らない」「坊主のお経も要らない」「お墓も要らない」「灰と骨は野山に撒いてくれ」という時代である。そういう本がたくさん出版されて、良い売れ行きをしている。

人間（人類）は、ついにここまで来た。本当のお釈迦さま（ゴータマ・ブッダ）は「出家者（仏僧）は死にかかわるな。葬式にかかわるな」と言ったのだ。それなのに葬式仏教となりはてた。龍樹（ナーガルジュナ）によって、大乗仏教（マハーヤーナ）が紀元150年頃に作られておよそ2000年が経つ。仏教もまた、他の多くの思想たちと同じく、多くのバカらしいことを山ほど積み上げたのだ。このことが私によく分かった。それらのすべてを書いた。

私はこの本で、仏教とは何か、仏教の全体像とは何か、に挑みかかり、私なりの答えを出した。これらは私の勝手な思いつきではない。だから証拠をひとつひとつ挙げた。

私にとっての『般若心経』との43年間の決裁と決済と血債がこれでついた。

私は、『般若心経』の冒頭に出てくる「観自在菩薩《かんじざいぼさつ》　行深般若波羅蜜多時《ぎょうじんはんにゃはらみったじ》　照見五蘊皆《しょうけんごうんかい》空《くう》　度一切苦厄《どいっさいくやく》」（日本語訳。観音さまは、波羅蜜多の行《ぎょう》を深く行った。そうしたら、受想　行《じゅそうぎょう》識《しき》意《い》の五蘊《ごうん》はすべて空《くう》であると照見した〈はっきりと分かった〉。そして、このとき、観音さまはこの世の一切の苦役を乗り越えることができました）に込められた意味がようやく分かった。私には一切の嘘はない。嘘などついている暇がない。

『般若心経』の冒頭に出てくる観自在菩薩（観音さま）とは何者か。そして、阿弥陀如来とは何者か。弥勒《みろく》菩薩とは何者か。この3人の女神たちは、一体、何者であり、どこで生まれたのか。彼女たちは、明らかにお釈迦さま（ゴータマ・ブッダ）とは別人である。たったこれだけの謎を解くために1冊の本を書いた。

日本人にとっての仏教（の長い歴史）とは何であったのか、の謎に私は答えを出した。一切の虚偽《フォールス》と偽善《ヒポクリシー》を私は峻拒《しゅんきょ》する。

かれこれ2年に亘って、この本が出来るまで我慢強く待ってくださったPHP研究所の大久保龍也氏に深く感謝申し上げます。

2012年7月

副島隆彦

装丁：上田晃郷

〈著者略歴〉

副島隆彦（そえじま　たかひこ）

1953年、福岡市生まれ。早稲田大学法学部卒業。外資系銀行員、予備校講師を経て、常葉学園大学教授を務めた。ベストセラー『預金封鎖』（祥伝社）、『英文法の謎を解く』（筑摩書房）などの著者として知られる碩学。

日米の政界・シンクタンクに独自の情報源を持ち、金融経済からアメリカ政治思想、法制度論、英語、歴史など幅広いジャンルで、鋭い洞察と緻密な分析に基づいた論評を展開。また、副島国家戦略研究所（ＳＮＳＩ）を主宰し、日本人初の「民間人国家戦略家」として講演・執筆活動を続けている。

主な著書に、『世界覇権国アメリカを動かす政治家と知識人たち』（講談社）、『属国・日本論』（五月書房）、『ドル覇権の崩壊』（徳間書店）、『時代を見通す力』『新版 決然たる政治学への道』『［新版］日本の秘密』（以上、ＰＨＰ研究所）などがある。

ホームページ　「副島隆彦の学問道場」
URL　http://www.snsi.jp/
e-mail　GZE03120@nifty.ne.jp

隠された歴史
そもそも仏教とは何ものか？

2012年8月9日　第1版第1刷発行

著者　副島隆彦
発行者　小林成彦
発行所　株式会社ＰＨＰ研究所
東京本部　〒102-8331　千代田区一番町21
企画出版部　☎03-3239-6274（編集）
普及一部　☎03-3239-6233（販売）
京都本部　〒601-8411　京都市南区西九条北ノ内町11
PHP INTERFACE　http://www.php.co.jp/

制作協力
組版　株式会社PHPエディターズ・グループ
印刷所　株式会社精興社
製本所　株式会社大進堂

ISBN978-4-569-79802-8

PHPの本

時代を見通す力

歴史に学ぶ知恵

副島隆彦 著

現代日本は今、どのような世界史の潮流のなかに身を置いているのか。著者独特の歴史解釈から、日本の真の在り方を考察する。

定価一、六八〇円
（本体一、六〇〇円）
税五％

PHPの本

新版 決然たる政治学への道

副島隆彦 著

「政治学とは何か」「国際政治とは何か」について、豊富な事例と著者自身の思想を織り交ぜながら説く、政治混乱期に必読の一冊。

定価一、六八〇円
（本体一、六〇〇円）
税五％

PHPの本

［新版］日本の秘密

副島隆彦　著

戦後日本政治はいかにして、誰によって、形成されたのか？　吉田茂の政治を俎上に乗せながら、その欺瞞を暴く、力作論稿の新装復刊。

定価一、六八〇円
（本体一、六〇〇円）
税五％

PHPの本

移行期的乱世の思考

「誰も経験したことがない時代」をどう生きるか

平川克美 著

経済成長は今後無いという視座から、これからの日本社会のあり方を、世界経済の事象、震災後問題をからめ説き明かす。

定価一、六八〇円
(本体一、六〇〇円)
税五%